Tritt ein –
wenn du dich
traust

Herzlich Willkommen!

Tauche ein in diesen spannenden Escape-Adventskalender und versuche zusammen mit Detective Vincent Williams, den Hütern zu entkommen. Der Thriller ist in 24 Kapitel unterteilt, die jedoch nicht aufeinanderfolgen, sondern kreuz und quer im Buch zu finden sind. Um herauszubekommen, wo du am nächsten Tag weiterlesen musst, gilt es, das jeweilige Rätsel zu lösen. Die Antwort verweist dich dann auf das richtige Symbol, das sich auf einer der geschlossenen Vorderseiten versteckt. Wenn du das Symbol gefunden hast, kannst du diese Seite am nächsten Tag auftrennen und die Geschichte weiterverfolgen. Dabei wird immer rechtsbündig aufgetrennt, auch wenn das Symbol auf der linken Seite der Doppelseite zu finden ist. Jedes Symbol taucht nur einmal auf, sodass du dir keine Gedanken machen musst, aus Versehen die falsche Seite zu öffnen. Doch aufgepasst, die Symbole ähneln sich manchmal ein bisschen, daher sei dir ganz sicher, dass es auch wirklich das exakt gleiche Zeichen ist. Bedenke außerdem, dass alle Seiten im Escape weiterhin wichtig bleiben, auch wenn du die Rätsel schon gelöst hast. Die Hinweise für die Rätsel findest du im gesamten Buch verteilt. Aber öffne die Seiten bitte nicht frühzeitig, sondern immer nur dann, wenn du das Rätsel für den nächsten Tag gelöst hast.

Sollte es dir gelingen, alle 24 Rätsel zu lösen, hat Vincent eine Chance, den Hütern zu entkommen und das wahnsinnige Spiel zu gewinnen.

Falls du irgendwo gar nicht weiterweißt, gibt es am Ende des Buches eine Tippseite, die dir einen kleinen Anhaltspunkt liefert. Und falls du deine Antwort zur Sicherheit noch einmal überprüfen möchtest, gibt es außerdem einige Lösungsseiten mit den richtigen Antworten für die einzelnen Rätsel.

*Also, tritt ein und öffne die erste Seite –
ein Wettlauf gegen die Zeit beginnt!*

Damit du auch ganz problemlos durch den Adventskalender navigieren kannst, kommt hier zum Aufwärmen das erste Rätsel. Löse es und du weißt, auf welcher Seite du beginnen musst:

Welche Farbe hat der Umhang auf dem Cover?

1. Gelb
2. Rot
3. Blau

Unschlüssig stand Vincent vor dem Brunnen. Die Nachricht schien eindeutig gewesen zu sein: Sie sollten der Frau nicht helfen, sondern weiterspielen. Und ihr nächstes Ziel hatte das Rätsel auch bereits ergeben: „Ort der letzten Ruhe“, damit konnte nur der Friedhof gemeint sein …

Vincent schüttelte den Kopf. Er konnte die Frau doch nicht einfach ihrem Schicksal überlassen. Wenn sie sich den Anweisungen widersetzten, wäre das jedoch eine eindeutige Regelverletzung, und davor war er deutlich gewarnt worden. Ohne ihre Hilfe war die Frau allerdings dem sicheren Tod ausgeliefert … Die Gedanken schossen Vincent so schnell durch den Kopf, dass es ihm schwerfiel, sie festzuhalten. „Wenn wir ein dickes Seil finden würden oder eine Eisenkette oder so, könnte ich versuchen, nach unten zu klettern“, murmelte er.

„Wir … wir müssen weiter“, sagte eine dünne Stimme neben ihm. Vincents Blick suchte Alanas. Tränen rannen ihr über die Wangen. „I…ich fühle mich so schrecklich, das zu sagen, aber die Botschaft ist klar: Wir sollen ihr nicht helfen. Und … und ich habe Angst, was man uns antut, falls wir es doch tun …“ Alanas Stimme brach ab und sie schlug sich die Hände vors Gesicht. Ihre Schultern zuckten.

Vincent musste schlucken. Er konnte ihre Angst verstehen. Vielleicht würde Alana die Konsequenzen des Regelbruchs zu spüren bekommen. Das konnte er nicht zulassen. Der Cop in seinem Inneren rebellierte. Er hatte geschworen, andere zu beschützen … Und er würde der Frau helfen, bevor es zu spät war. Irgendwie würde er es schaffen. Er musste ihren Peiniger nur rechtzeitig überlisten. Noch hatten sie Zeit …

„Na gut.“ Vincent nickte mechanisch und beugte sich noch einmal über den Brunnen. „Ich komme wieder! Ich verspreche es. Halten Sie durch!“ Er wusste, dass die Frau ihn wahrscheinlich nicht hören konnte, fühlte sich aber nach seinem Versprechen besser.

Ohne ein weiteres Wort begann Vincent in Richtung des Friedhofs zu laufen. Auf dem Plan hatte er gesehen, dass dieser am Rand der Klostermauern lag, abseits der Gebäude.

Der Ruf einer Eule durchbrach die Nacht und ließ Vincent herumfahren. Seine Hand war automatisch zu seiner rechten Hüfte gezuckt, an der er sonst seine Dienstwaffe trug. Nicht zum ersten Mal in dieser Nacht wünschte er, er wäre bewaffnet. Auch wenn ihm das bisher nicht weitergeholfen hätte. Aber das vertraute Gewicht seiner Pistole hätte ihm Sicherheit gegeben.

Die Klostermauern standen düster und bedrohlich über ihnen und warfen dunkle Schatten. Eine Hand an der Mauer, stapfte Vincent durch den Schnee, Alana

folgte ihm so nah, dass er beinahe ihren warmen Atem im Nacken spüren konnte.

Ein schmales schmiedeeisernes Tor erschien in einer Maueröffnung. Als Vincent das Friedhofstor aufschob, ließ ihn das Quietschen der nicht geölten Scharniere erschauern. Hohe Grabsteine tauchten in der Dunkelheit vor ihnen auf. Engel, Grabfiguren und Kreuze begrüßten sie.

Der Friedhof war nicht groß, wenigstens nicht nach New Yorker Maßstäben, jedoch waren die Ruhestätten eng aneinandergereiht.

„Wonach suchen wir?", fragte Alana bibbernd. Ihre Zähne schlugen bei jedem Wort klappernd aufeinander.

Vincent hielt ihr den Zettel hin, den sie am Brunnen gefunden hatten, und bedeutete ihr, diesen umzudrehen.

Die Journalistin streckte die Hand nach der Taschenlampe aus und richtete den Strahl anschließend auf die Rückseite des Zettels, auf der sich ein merkwürdiges Gebilde aus Linien befand. „Ah, ich verstehe", meinte sie.

Vincent nickte. „Jetzt müssen wir nur noch das richtige Grab finden."

Welches Grab suchen die beiden?

Die Stimme war nach dem Verkünden der Spielregeln verstummt und sämtliche Versuche Vincents, ein Gespräch in Gang zu bringen, waren erfolglos geblieben. Der Detective rief sich die Stimme ins Gedächtnis, aber die elektronische Verzerrung hatte es unmöglich gemacht, sie zu erkennen. Wer immer ihn auch entführt hatte, hatte ganze Arbeit geleistet. Die Stimme hatte von „wir" und „unsere Prüfungen" gesprochen. Wer steckte hinter alldem und wie waren sie an seine Personalakte gekommen?

Vincent wusste es nicht. Aber er war sich sicher, dass es die Täter ernst meinten. Wenn er überleben wollte, musste er ihr Spiel spielen und darauf hoffen, seine Widersacher früher oder später zu überlisten.

Schließlich hatte sich Vincent das Rätsel vorgenommen. Kostbare Minuten waren vergangen, bis er darauf gekommen war, aus den Kerzen ein Pentagramm zu bilden. Die Antwort lautete daher „Kapelle".

Vincent betrachtete den Lageplan des Klosters, den er erhalten hatte. Die dicken Mauern hatten die Bewohner nicht nur vor der Witterung geschützt, sondern auch vor der Welt außerhalb. Jetzt war dieser einstige Zufluchtsort zu einem Gefängnis für ihn geworden. Die Zeit schien hier drinnen förmlich stillzustehen. Aber leider nicht wirklich, wie Vincent mit einem kurzen Blick auf die Uhr an seinem Handgelenk erkennen musste.

Schnellen Schrittes eilte er in Richtung der Kapelle, darauf bedacht, nichts zu tun, was gegen die Regeln verstieß. Wenigstens für den Moment. Erst brauchte Vincent mehr Informationen, bevor er sich einen Schlachtplan zurechtlegen konnte.

Die Tür war nur angelehnt, Dutzende Kerzen erhellten das Innere der Kapelle. Bei genauem Hinsehen erkannte Vincent auch hier wieder Videokameras in den Ecken des Raumes.

Er eilte zwischen den Bankreihen hindurch und blickte sich um, nicht wissend, was er suchte. Vorne am Altar wurde er fündig: Füße schauten hinter dem Altartisch hervor.

„Hallo?" Vincent schlitterte um den Altar und kniete neben der auf dem Boden liegenden Person. Von der Statur her würde Vincent auf eine Frau tippen, sicher sein konnte er sich jedoch nicht. Die Person war von Kopf bis Fuß in ein weißes Tuch eingewickelt. Um die Hand- und Fußgelenke lagen dicke Ledergurte, ebenso um den Hals. Neben der eingewickelten Person stand ein großer metallischer Kasten, in dem die Gurte verschwanden. Eine kleine Anzeige stand darauf, auf der ein Countdown runterzählte. Die Anzeige sprang auf 2 Minuten und 30 Sekunden und zugleich schien das Gebilde zum Leben zu erwachen. Ein schleifendes Geräusch ertönte, dann begannen die Gurte ins Innere des Kastens gezogen zu werden.

Die Bänder um Arme und Beine gruben sich tiefer in das Altartuch. Ein Gurgeln ließ Vincent das Blut in den Adern gefrieren: Die gefesselte Person bekam keine Luft mehr!

Das Gerät stoppte. Die Gurte bewegten sich nicht länger. Die Uhr jedoch schon.

2 Minuten verblieben. Und Vincent hatte genug gesehen, um zu wissen, was beim Ablauf der Zeit bevorstand ... Die Person würde stranguliert werden!

3
13
1113
3113
132113
1113122113
311311222113
?

Daumen: 13211331322113
Mittelfinger: 13211321322113
Zeigefinger: 13221321122113

Nur ein Versuch!

„Shit, shit, shit", stotterte Vincent und blickte sich panisch um. Dabei fiel ihm auf, dass auf der Seite des Metallkastens etwas geschrieben stand: Hier öffnen!

Unsicher, ob er der Aufforderung Folge leisten sollte oder es sich um eine Falle handelte, zögerte Vincent, während der Countdown unaufhaltsam weitertickte.

Die Person gab ein gequältes Stöhnen von sich.

Vincent öffnete den Kasten und konnte im Inneren etwas erkennen, das wie ein kleiner Scanner aussah. Aber was sollte er einscannen?

Da entdeckte er eine Karte, die im Deckel klebte. Er las die Zahlenreihen durch. „Was hat das zu bedeuten? Eine Drei ..."

Welcher von Vincents Fingerabdrücken öffnet das Schloss?

1. **Daumen**
2. **Mittelfinger**
3. **Zeigefinger**

12
11
28
10
17
3
14
29
27
21
2
5
8
4
25
6
19
9
16
15
1
22
26
30
24
13
7
20

Vincent hatte sich zunächst keinen Reim aus der Zahlenreihe im Fass machen können, als ihm die Nachricht vom Friedhof in den Sinn kam: „Unschuldiges Blut ..."

„Einen Versuch ist es wert", murmelte Vincent und begann die Buchstaben der vorherigen Nachricht zuzuordnen. „Hinter dem Brett an der Tür" – er hatte also mit seiner Idee richtig gelegen.

Vincent erhob sich aus seiner gehockten Haltung, wischte sich die Finger an der Hose ab und ging auf die schwere Holztür zu, die den Weinkeller verschloss. Erst als er sie zugeschoben hatte, erkannte er, dass daneben an der Wand ein Holzbrett hing. Auf diesem hatte jemand in großen Blockbuchstaben eine Nachricht hinterlassen: „Es wird Zeit, sich ein wenig zu stärken. Für Ihr seelisches Wohl sorgen ja bereits wir, um das körperliche müssen Sie sich schon selbst kümmern! Es ist angerichtet!"

Vincent schnaubte. Die gönnerhafte Art des Entführers ging ihm mächtig gegen den Strich. Der Detective wusste, dass er nur eine einzige Chance bekommen würde, das Blatt zu drehen: Wenn er dem Täter persönlich gegenüberstand. Und er war sich sicher, dass es dazu kommen würde. Niemand machte sich die Mühe, solch ein ausgeklügeltes „Spiel" zu planen, und gab sich dann damit zufrieden, nur über ein Kamerabild zuzusehen. Vincent würde bereit sein. Aber noch schien der Moment nicht gekommen.

„Auf zum Speisesaal", sagte er und schenkte der nächstliegenden Kamera ein falsches Grinsen.

Der Speisesaal lag laut Lageplan westlich vom Weinkeller. Die Treppe, die dorthin führte, lag zwar im Dunklen, aber Vincent hatte zum Glück noch die Taschenlampe.

Zielstrebig ging er auf die Stufen zu und blieb dann unvermittelt stehen. Als sie zum ersten Mal hier runter zum Weinkeller gekommen waren, hatte dort hinten an der gegenüberliegenden Treppe noch kein Fass gestanden!

Neugierig ging er darauf zu, als er meinte, ein leises Stöhnen zu hören. Es klang dumpf und schmerzerfüllt.

„Hallo? Ist da jemand?", fragte er zögerlich. Das Fass wackelte leicht oder spielten Vincents Augen ihm einen Streich?

Vincent verharrte. Seine Aufgabe war es zwar, in den Speisesaal zu gehen, aber vielleicht war nun die Zeit gekommen, die Regeln zu brechen. Eventuell steckte Alana in dem Fass und der Gang zum Speisesaal würde ihr Schicksal besiegeln. Die Hüter oder wer auch immer dahintersteckte hatte ja bereits bewiesen, dass er selbst den Regeln nicht folgte. Warum also sollte Vincent es tun?

„Alana?“, fragte er laut.

Das Fass zuckte erneut und die Geräusche wurden lauter.

„Scheiß drauf!“, fluchte Vincent und griff nach der schweren Kette, die um das Fass gewickelt war.

Ein großes Schloss sicherte sie. Vier Buchstaben wurden benötigt, um es zu öffnen.

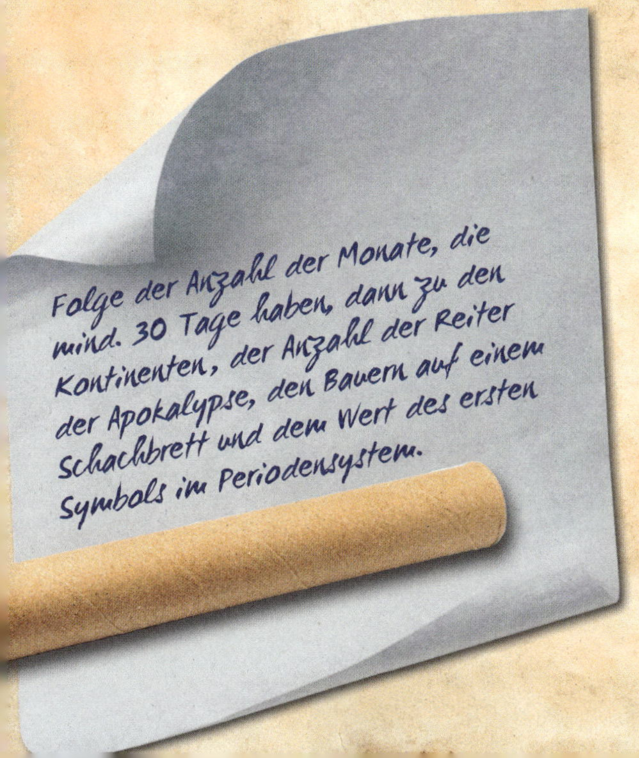

Suchend blickte sich Vincent um. Keine Nachricht am Fass, keine Schrift an der Wand, nur ein altes Bild mit merkwürdigen Zahlen, aber er suchte Buchstaben. Wie sollte es ihm da weiterhelfen?

Sein Fuß stieß gegen etwas, das über den Boden rollte. Vincent hob die Taschenlampe und leuchtete den Fußboden ab. Ein Zylinder kam zum Vorschein, in dessen Innerem sich ein zusammengerollter Zettel befand.

Vorsichtig entfaltete er das Papier.

Wie lautet der Code für das Vorhängeschloss?

1. **Neun**
2. **Acht**
3. **Vier**

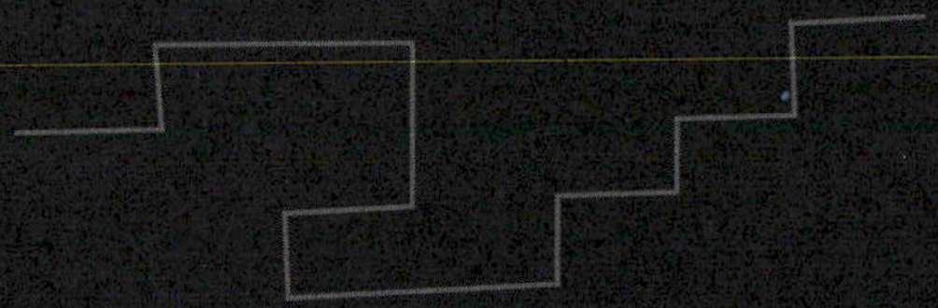

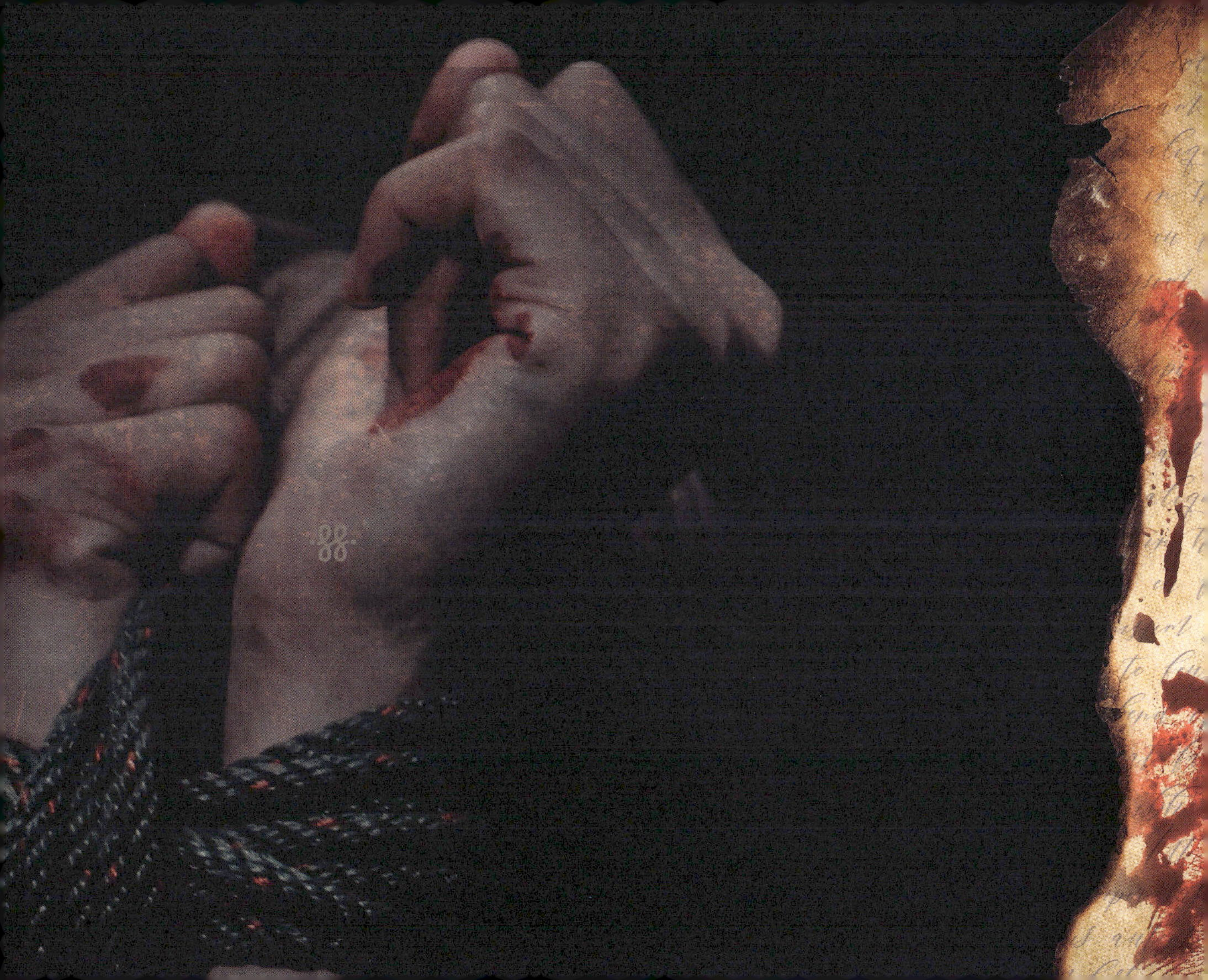

„Wir holen Sie bald da raus! Hören Sie? Sie sind nicht alleine!", rief Vincent in den Brunnen und hoffte, dass der oder die Gefangene unten ihn hören konnte. Mit beiden Händen zog Vincent an dem Seil, an dem sie den Eimer vermuteten. Langsam bekam der Detective ein Gefühl dafür, wie ihr „Gastgeber" tickte, was ihm dabei geholfen hatte, das Rätsel zu lösen. „Mehr als 18, aber weniger als 21" – damit hatten sie es schließlich auf den 19. Buchstaben des Alphabets, das S, eingeschränkt. Ausgehend von diesem Buchstaben hatten sie nur den Linien folgen müssen, um zur Lösung zu gelangen.

Vincents Schädel hatte wieder zu pochen begonnen. Vielleicht aufgrund des Adrenalins. Doch auch die Nachwirkungen der Droge spürte er nach wie vor.

Der Eimer schlug klappernd gegen die Steine des Brunnens und trotz der Kälte begannen seine Hände zu schwitzen. Seit Vincent in der Klosterzelle aufgewacht war, mit lediglich einer verschwommenen Erinnerung an den Vorabend, hatte er das Gefühl, stets einen Schritt zu langsam zu sein. Viel zu schnell tickten die Minuten auf seiner Uhr herunter und er war der Antwort darauf, wer ihnen das alles antat, keinen Schritt näher gekommen ... Der Entführer hatte mit seinem Zeitlimit dafür gesorgt, dass Vincent nur auf das reagieren konnte, was geschah.

„Detective?"

Alanas Stimme riss ihn aus seinen Gedanken. Er nickte ihr zu und drehte den Eimer um. Am Boden hatte jemand mit dickem Klebeband einen in Plastik eingewickelten Gegenstand befestigt. Eine Taschenlampe fiel Vincent in die Hände, als er die Tüte öffnete, an der ein kleiner Zettel haftete.

Vincent klickte sie an und hielt den Lichtstrahl in die Brunnenöffnung. Was er darin entdeckte, ließ ihm den Atem stocken.

Der Brunnen verlief gut und gerne acht Meter nach unten. Auf dem Boden kauerte eine zitternde kleine Figur mit roten Haaren, deren Hände auf den Rücken gebunden waren. Eine Augenbinde versperrte der gefesselten und geknebelten Frau die Sicht. Wasser lief in dünnen Rinnsalen an den Steinen herab. In dieser Geschwindigkeit vermutete Vincent, dass sie in wenigen Stunden ertrinken würde – sofern sie nicht bereits zuvor erfroren war. Zwar war es bisher ein milder Winter gewesen, aber mit feuchter Kleidung würden auch diese Temperaturen tödlich sein.

„Hallo? Können Sie mich hören?", rief Vincent immer wieder in die Tiefe. Der Kopf der Frau zuckte hin und her, aber der Detective konnte nicht sicher sein, dass sie auf seine Worte reagierte.

Die Frau musste panische Angst haben – blind und kaum in der Lage, sich zu bewegen, während unaufhörlich kaltes Wasser auf sie niederrann. Die Uhr tickte für sie noch schneller als für Vincent und Alana.

Mit der Taschenlampe leuchtete der Detective die Innenwände des Brunnens ab. Die Steine waren glatt und würden keinen Halt bieten. Vielleicht könnte er sich mithilfe des Seils, an dem der Eimer hing, zu der Frau begeben.

Ein kurzer Blick zerstörte diese Hoffnung. Das Seil war ausgefranst und würde sein Gewicht nicht halten können. Er hatte nicht die leiseste Ahnung, wie er die Frau retten sollte.

„Wir werden Sie da rausholen!“, schrie Vincent so laut er konnte. „Es muss einen Weg geben, wie wir ihr helfen können“, meinte er verzweifelt.

Alana biss sich auf die Unterlippe und mied seinen Blick.

„Was? Haben Sie etwas entdeckt?“, fragte Vincent irritiert. Jetzt war nun wirklich nicht die richtige Zeit für irgendwelche Spielchen.

Wortlos reichte die Journalistin ihm den Zettel, der um die Taschenlampe gewickelt gewesen war.

Vincent runzelte die Stirn, als er die Nachricht las. Dann fiel sein Blick auf das Buchstabengewirr. Wie sollten sie den **Weg** durch dieses finden?

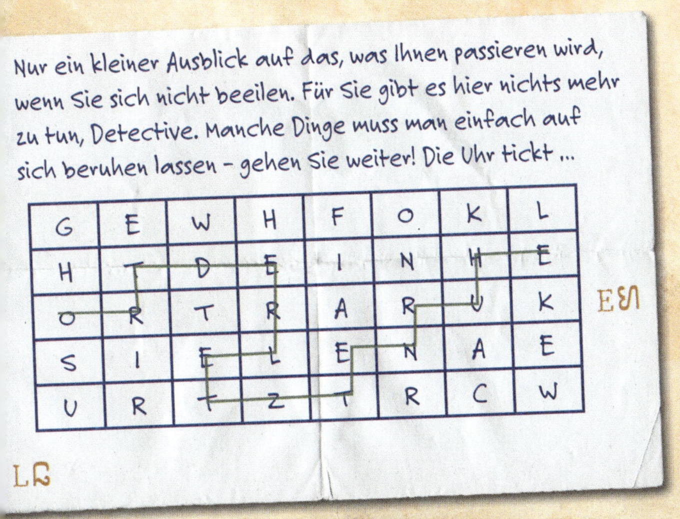

Nur ein kleiner Ausblick auf das, was Ihnen passieren wird, wenn Sie sich nicht beeilen. Für Sie gibt es hier nichts mehr zu tun, Detective. Manche Dinge muss man einfach auf sich beruhen lassen – gehen Sie weiter! Die Uhr tickt ...

G	E	W	H	F	O	K	L
H	T	D	E	I	N	H	E
O	R	T	R	A	R	U	K
S	I	E	L	E	N	A	E
U	R	T	Z	T	R	C	W

Wohin sollen sie als Nächstes gehen?

1. **Klostergarten**
2. **Gewächshaus**
3. **Friedhof**

Kostbare Minuten verstrichen, während Vincent und Alana die Zahnräder studierten und versuchten, den verborgenen Code in diesen zu erkennen.

„Vielleicht stehen die Buchstaben für Ziffern? Dann müssten wir nur hier auf dem Friedhof nach dem nächsten Grab suchen", schlug Alana vor und schaute sich suchend um.

Vincent blickte unsicher. „Ja, vielleicht." Aber er hatte so ein Gefühl, dass ihr Peiniger es ihnen nicht so einfach machen würde. Ihr Entführer hatte viel Zeit, Geld und Intelligenz in diese Rätsel gesteckt und jede einzelne Aufgabe schien nur darauf aus zu sein, sie weiter ins Verderben zu stürzen. „Oder man versucht, uns zu verwirren."

Und noch während Vincent sprach, fiel es ihm wie Schuppen von den Augen. Das A stand dem Z gegenüber, das B dem Y und so weiter. Nur bei einigen wenigen Buchstaben ging das nicht auf und diese bildeten dann das Wort „Weinfass".

„Wo findet man in einem Kloster Weinfässer?", überlegte er laut und zog dann hektisch die kleine Karte aus seiner Hosentasche. Dass die Wunden an seiner Hand dabei wieder aufplatzten, bemerkte er in dem Moment gar nicht.

„Hier", er deutete auf eine Stelle auf dem Plan, „der Weinkeller. Da müssen wir hin!"

Alana blickte ihn zweifelnd an. „Sind Sie sicher?"

Vincent nickte nur kurz und eilte los. „Kommen Sie!"

Laut seiner Uhr hatten sie nur noch etwas über 20 Minuten Zeit, um zum Weinkeller zu gelangen und ein Leben zu retten.

In den Kellergewölben des alten Klosters roch es modrig und feucht.

W 0H

614 Eine Ziffer ist korrekt und am richtigen Platz.
639 Eine Ziffer ist korrekt, aber am falschen Platz.
946 Zwei Ziffern sind korrekt, aber beide am falschen Platz.
T7 518 Eine Ziffer ist korrekt, aber am falschen Platz.
Setze vor und hinter die Zahl noch jeweils eine 0.

CU

Dicke Spinnweben hingen von der Decke und eine steile Treppe mit brüchigen Stufen führte sie tief unter die Erde.

Das Gebäude wirkte hier unten völlig verwahrlost und einsam, so als ob schon jahrzehntelang niemand mehr diesen Ort betreten hatte, aber Vincent hatte die Vermutung, dass der Schein trog. Alles hier war zu sorgfältig vorbereitet, nichts war dem Zufall überlassen worden. Entsprechend musste der Täter alles genau ausgekundschaftet haben.

„Hier müsste es sein", keuchte Vincent, als sie vor einer großen Holztür zum Stehen kamen. Ein großer Türklopfer mit einem Dämonengesicht war an der Tür angebracht und ließ Vincent erschauern. „Dann mal rein in die gute Stube", murmelte er und stemmte sich gegen das polierte Holz.

Der Weinkeller war ein riesengroßer Raum, der jedoch bis auf wenige Fässer komplett leer zu sein schien. Eine einsame Lichtquelle befand sich auf einem aufgestellten Weinfass und lud zum Näherkommen ein.

Obwohl der Raum gut einsehbar war, näherte sich Vincent dem Licht mit Vorsicht. Er war für sein vorschnelles Handeln schon genug bestraft worden, wie ihn seine brennenden Fingerknöchel erinnerten.

„Ist das ein Laptop?", fragte Alana verwirrt und hob den Deckel des Gerätes an. Sofort erhellte sich ihre Umgebung weiter. Der Bildschirmschoner ging aus, das Display erwachte zum Leben und forderte sie zum Eingeben des PINs auf.

Vincent schaute auf seine Uhr. Sie hatten nur noch 13 Minuten vom vorgegebenen Zeitfenster übrig. Sie mussten den Code also so schnell wie möglich finden und eingeben. Alana hatte die Taschenlampe, daher schnappte sich Vincent den Laptop, um diesen als Lichtquelle zu benutzen. Und noch während er ihn nach oben riss, sah er aus dem Augenwinkel ein Blatt Papier auf den Boden segeln ...

Wie lautet der PIN zum Entsperren des Laptops?

1. 08940
2. 07290
3. 06910

Unruhig hatte Vincent die Zahlen auf der Karte angestarrt, bis sie wie eine Art 3-D-Bild vor seinem Auge erschienen. Dabei war ihm aufgefallen, dass die Dreier horizontale Linien ergaben und dadurch das Wort „Osten" formten.

Osten? War damit der Osten dieses Gebäudes gemeint oder das Ostgebäude auf dem Klostergrundstück, das Vincent bei seinen „Ausflügen" in die eisige Kälte gesehen hatte?

„Es kann nur das andere Gebäude gemeint sein", murmelte er vor sich hin.

„Wie bitte?", fragte Richard Porter verwirrt und packte Vincents Arm, noch bevor er einen weiteren Schritt machen konnte „Warten Sie. Was geht hier eigentlich vor sich? Gerade saß ich noch mit einem Drink vorm Kamin und habe ein wenig entspannt und plötzlich wache ich eingequetscht wie eine Sardine in der Dose in einem Fass auf!"

„Ihr Drink war mit Drogen versetzt und sie wurden entführt", erklärte Vincent dem Milliardär behutsam. Porter hatte seine Gefühle als knallharter Geschäftsmann zwar hervorragend unter Kontrolle, wie der Detective feststellte, aber seine sichtbar pochende Halsschlagader verriet, wie sehr sein Puls raste.

„Nein, das kann nicht sein", unterbracht Porter ihn. „Mein Anwesen ist gesichert. Da kann man nicht einfach reinspazieren. Ich habe das neueste Alarmsystem und zudem meine Security." So als ob er sich an etwas erinnert hatte, griff der Mann ruckartig an sein linkes Handgelenk und tastete daran herum. „Meine Rolex!"

„Die war bestimmt wahnsinnig teuer", meinte Vincent und musste sich ein Augenrollen verkneifen, „aber im Moment haben wir wirklich andere Sorgen."

Porter blickte ihn mit zusammengekniffenen Augen an. „Da ist ein Alarmknopf dran. Wenn ich den drücke, werden meine GPS-Daten sofort an die Security übermittelt."

Verdammt, die Uhr und die Sicherheitsmänner könnten sie jetzt wirklich gut gebrauchen!

Vincent stockte. „Moment, meine Uhr haben sie mir gelassen und auch Alana hat ihren Schmuck getragen. Also müssen die Entführer wissen, was es mit Ihrer Rolex auf sich hat, und sie deshalb entfernt haben. Das müsste den Kreis der Verdächtigen einschränken, oder nicht?"

Porter nickte nachdenklich. „Ja, die einzigen, die davon wussten, sind mein Sicherheitschef und natürlich die Fabrikanten. Aber wieso kam dann bis jetzt noch keine Lösegeldforderung und was sollen diese Rätsel?"

Vincent schüttelte den Kopf. „Um Lösegeld geht es nicht, sondern um Rache. Ich kann Ihnen aber auch nicht sagen, was oder wer dahintersteckt. Kommen Sie, wir müssen weiter, sonst läuft uns die Zeit davon."

Während die beiden sich auf den Weg zum Ostgebäude machten, erzählte Vincent dem Mann alles bisher Geschehene. Anschließend wollte er von Porter wissen, ob dieser Feinde hat.

Richard Porter lachte humorlos. „Sie kommen im Leben nicht so weit wie ich, ohne sich eine gehörige Anzahl Feinde zu machen, Detective. Aber wir reden hier ja nicht von übler Nachrede oder geplatzten Deals. Ich kann mir kaum vorstellen, wer sich solch ein elaboriertes Spiel ausgedacht hätte, nur um sich an mir zu rächen."

„Auch nicht die Hüter?", fragte Vincent nun ohne Umschweife und blickte dem Mann direkt ins Gesicht. Porters Pokerface geriet kaum ins Wanken.

„Wenn ich mir einer Sache sicher bin, Detective, dann, dass die Hüter nicht hinter alldem hier stecken."

„Weil ...", begann Vincent, der 1 und 1 zusammengezählt hatte, „... Sie als Mitglied der Geheimorganisation darüber Bescheid wüssten." Porters Mundwinkel zuckten amüsiert. „Aber nein", verbesserte sich Vincent direkt. „Sie sind nicht bloß ein Mitglied. Nicht jemand mit Ihrem Einfluss und Vermögen. Sie sind kein Mitläufer, Sie sind der geborene Anführer! Wenn nicht der Kopf des Unternehmens, dann auf jeden Fall einer der Entscheidungsträger. "

„Vielleicht konzentrieren wir uns lieber auf das Rätsel", schlug Richard Porter vor und deutete auf einen Umschlag, der gut sichtbar am Eingang zum Ostgebäude angebracht war.

Nun ja, keine Antwort war auch eine Antwort, dachte sich Vincent ...

Wie lautet der Code

1. 782 **2. 485** **3. 793**

Nachdem sie herausgefunden hatten, dass die Zahlen auf der Nachricht spiegelverkehrt abgebildet waren, suchten Vincent und Alana nach dem Grab mit dem Datum 1740. In der Mitte der vierten Reihe wurden sie schließlich fündig. Ein simples Steinkreuz markierte die Stelle.

Die Schrift auf dem Grabstein war verwittert und der Name war im Lauf der Zeit völlig verblasst, das Datum ließ sich jedoch noch entziffern. Ein genauer Blick zeigte, dass der Schnee auf dem Grab verwischt war.

„Als würde mein Job mir nicht schon genügend Albträume bereiten", murmelte Vincent vor sich hin. Er schüttelte sich.

Alana nickte. Das schwache Mondlicht ließ ihre blauen Augen riesig erscheinen und ihre Haut wächsern leuchten. Sie sah aus, als würde sie jeden Moment ohnmächtig werden.

„Woran arbeiten Sie gerade?", fragte Vincent, um sie ein wenig abzulenken. Unterdessen begann er, den Schnee und die darunter gelockerte Erde zur Seite zu schieben. Es war eine gute Gelegenheit, um weitere Informationen zu sammeln. Sicherlich waren sie nicht zufällig für diese mörderische Odyssee ausgesucht worden.

„Ich bin an einer großen Sache dran", erzählte Alana, die ihm nun half, die Erde abzutragen.

„So?" Das klang vielversprechend und weckte sofort Vincents Neugierde. „Und worum geht es? Vielleicht hängt es mit einem meiner Fälle zusammen und wir finden den gemeinsamen Nenner, der ausgerechnet uns hierhergeführt hat."

„Ich sollte Ihnen davon gar nicht erzählen", sagte die Journalistin. „Nicht wegen meiner journalistischen Integrität oder so. Nein, ich möchte nicht, dass Sie denken, ich wäre ein bisschen neben der Spur. Wenn man zum ersten Mal davon hört, klingt das alles nach wilden Verschwörungstheorien und Dan-Brown-Romanen." Sie fuhr sich mit der Hand durch die hellen schulterlangen Haare. „Es gibt eine Organisation, die aus New York heraus operiert, eine Art Geheimbund.

S2

Unschuldiges Blut klebt an Ihren Händen, Detective.
Nicht immer hat man das Richtige getan, nur weil ma
das Richtige tut. Manchmal muss man Regeln breche
oder mit den Konsequenzen seines Handelns leben …

N18

Egal ob Wirtschaft, Politik, Finanzwesen oder Justiz, sie hat überall ihre Hände im Spiel ...“ Sie unterbrach sich und sah ihn unsicher an. „Ich habe einige Beweise zusammengetragen.“

„Die Hüter“, murmelte Vincent vor sich hin und Alana erstarrte.

„Sie haben von Ihnen gehört?“

„Ich arbeite in der Abteilung für Organisierte Kriminalität – was denken Sie?! Hinter vorgehaltener Hand wird viel über die Hüter getuschelt, die meisten halten sie allerdings nur für einen Mythos.“

Empört schaute Alana auf. „Meine Quellen sind mehr als glaubwürdig“, begann sie sich zu verteidigen.

Vincent hob abwehrend die Hände. „Ganz ruhig. Ich glaube Ihnen. Über die Jahre gab es einfach zu viele Ungereimtheiten, die sich in meinen Augen nicht anders erklären lassen. Es muss die Hüter geben. Bisher ist es nur niemandem gelungen, unwiderlegbare Beweise zu finden, geschweige denn an einen der Köpfe der Organisation heranzukommen. Man kann nur ahnen, wie weit ihr Einfluss wirklich reicht.“

„Meinen Sie, die Hüter haben etwas mit unserer Entführung und dem allen hier zu tun?“

„Ich weiß nicht. Möglich ist es auf jeden Fall. Allerdings wüsste ich nicht, wie ...“ Seine Hände trafen auf einen harten Gegenstand. Ein kleiner Sarg kam zum Vorschein. Nicht größer als für ein Baby.

Alana schrie auf.

„Bitte nicht“, flüsterte Vincent tonlos. Seine Hände zitterten wie verrückt, als er vorsichtig die letzte Erde beiseitestrich und den Deckel langsam hochklappte.

„Gott sei Dank!“, stieß Vincent erleichtert hervor. Im Inneren befand sich keine Leiche, der Sarg war bis auf eine blutbeschmierte Botschaft leer ...

Wo findet Vincent den nächsten Hinweis?

1. Unter dem Sarg **2. An einem Kreuz** **3. In der Klostermauer**

Nachdem er die komische Nachricht an der Wand gesehen hatte, kniete sich Vincent auf den Boden und versuchte, die Holzdielen zu lösen. Aber egal, wie sehr er auch an diesen zog, bewegen konnte er sie nicht. Seine Arme fühlten sich zudem weiterhin kraftlos an und seine Hände zitterten. „Und deswegen, Kinder, nehmen wir keine Drogen", murmelte er vor sich hin.

Immer noch geschwächt, wäre er leichte Beute für seine Entführer, sollten diese jetzt auftauchen. Vielleicht sollte er zunächst einmal nach einer Waffe suchen, bevor er irgendwelchen merkwürdigen Rätseln nachging. Sein Blick glitt durch das Zimmer und über die wenigen Dinge, die sich darin befanden. Die einzige greifbare Waffe wäre der Stuhl. Doch hatte er im Moment überhaupt genügend Kraft, um diesen wie einen Knüppel zu schwingen? „Spinn doch nicht, du bist nicht Bruce Willis!", schüttelte er über sich selbst den Kopf und bereute dies sofort, als ihn ein heftiger Drehschwindel packte. Er atmete flach, bis er wieder klar sehen konnte. Er musste das Rätsel entziffern und die richtige Stelle am Boden finden. Noch einmal betrachtete er die aufgemalten Worte genau. Nach ein paar Minuten hatte er die Lösung gefunden. Er musste unter dem Holzbrett mit dem Buchstaben B nachsehen.

Dieses ließ sich dann auch viel leichter bewegen. Ein dunkles Loch klaffte unter dem Holz auf und Vincent griff vorsichtig mit der Hand hinein. Im Inneren ertastete er eine glatte Oberfläche und zog einen Briefumschlag heraus. Vincent trat unter die Glühbirne, um besser sehen zu können. Unsicher drehte er den dünnen Umschlag in den Händen. Das Papier fühlte sich cremig weich unter seinen Fingerspitzen an. Solch einen hochwertigen Umschlag bekam man nicht in jedem x-beliebigen Drugstore, flüsterte sein innerer Cop. Aber das spielte momentan alles keine Rolle. Ohne das Team der Spurensicherung würde er nichts über den Umschlag herausfinden können. Außerdem:

O[illegible]

Skorpion – 23.10.–21.11

Halten Sie heute Augen und Ohren offen und bewahren Sie einen klaren Kopf. Nur wenn Ihr Herz am rechten Fleck sitzt, werden Sie an Ihr Ziel gelangen. Und denken Sie immer daran: Kein Mann ist eine Insel und der Ton macht die Musik. Wenn Sie alles richtig machen, holt man Ihnen vielleicht die Sterne vom Himmel, aber nur wenn Sie beim Spiel des Lebens die richtige Karte ausspielen …

H[illegible]

Wenn er nicht hier rauskam, gab es auch nichts zu ermitteln – weder für ihn noch die Kollegen!

Vincent zögerte kurz. Allen Polizisten und öffentlich Bediensteten war seit September 2001 eingebläut worden, unbekannte Umschläge aufgrund der Milzbrand-Terroranschläge nicht zu öffnen. „Wer immer dich entführt hat, hätte dich auch einfach töten können, als du bewusstlos warst. Warum sich also die Mühe machen, dich langsam mit Anthrax zu töten ...", murmelte er vor sich hin und riss den Brief seitlich auf. Kein Pulver kam zum Vorschein, aber ein laminierter Zeitungssauschnitt fiel ihm in die Hand. Verwirrt strich Vincent über die Vorderseite, auf der „Skorpion – 23.10.–21.11." stand.

Skorpion war sein Sternzeichen, aber was hatte das alles zu bedeuten? Horoskope waren doch der reinste Humbug – und dann extra noch laminiert? Kopfschüttelnd ließ Vincent das Horoskop sinken, als er plötzlich eine Idee hatte, den Text noch einmal las und dann zu dem elektronischen Türschloss eilte ...

Welcher Code öffnet Vincent die Tür?

1. 45736
2. 52473
3. 45723

„Auge um Auge ...", flüsterte Vincent und studierte die Zeichnungen auf der Klosterwand genau. Die Symbole ähnelten sich, manche waren sogar gleich. Dann fiel bei ihm der Groschen: Wenn man gleiche Augen miteinander verband, deutete ein Pfeil auf ein Auge hin.

Vincent tastete den Stein rund um das Symbol ab, auf das der Pfeil zeigte, und bemerkte, dass dieser locker saß. Er zog an dem Stein und kratzte schließlich mit einem dünnen Ast den Mörtel weg. Schließlich konnte er einen Finger in das entstandene Loch schieben. Mit ein wenig Hin- und Herruckeln gelang es ihm, den Stein aus der Mauer zu nehmen.

Alana richtete den Strahl der Taschenlampe auf den rötlich-braunen Lehm, aber der Stein verbarg kein Geheimnis. Vincent ließ ihn zu Boden fallen und bedeutete der Journalistin, das Licht auf das Loch in der Mauer zu lenken.

„Sehen Sie etwas?", fragte Alana. Die Taschenlampe in ihrer Hand zitterte leicht, als ein kalter Windhauch über den verlassenen Friedhof fuhr.

Vincent streckte die Hand aus und begann das Innere der Mauer abzutasten.

„Scheiße", schrie er plötzlich schmerzerfüllt und zog seine Hand zurück. Blut tropfte heiß brennend zwischen seinen Fingerknöcheln hervor. Mehrere gerade Schnitte waren auf seiner Handoberfläche zu erkennen.

„Oh nein! Vincent, sind Sie okay? Zeigen Sie mal her." Ungelenk zog Alana an seiner Hand und presste dabei aus Versehen ihre Fingernägel in eine der Wunden. Zischend riss Vincent seine Hand zurück.

„Sorry, sorry!", stammelte die Journalistin.

„Schon gut. Ich werde es überleben", meinte Vincent beruhigend und wickelte ein abgerissenes Stück seines Shirts um seine Hand, die fies zu pochen begonnen hatte. „Geben Sie mir mal die Taschenlampe."

Er stellte sich auf die Zehenspitzen und leuchtete die Öffnung langsam ab. „Ihr Schweine!", murmelte er, als er sah, dass einige altmodische Rasierklingen aus dem Stein oberhalb der Öffnung herausragten. Etwas Weißes blitzte darunter hervor.

Die Taschenlampe zwischen den Zähnen schob Vincent seine unverletzte linke Hand ganz flach in die Öffnung, ohne die Klingen zu berühren. Es erforderte ein wenig Fingerspitzengefühl, aber dennoch gelang es ihm, den Gegenstand zu fassen und schließlich einen Umschlag aus der Öffnung zu ziehen.

Alana nahm ihm die Taschenlampe aus dem Mund und leuchtete auf Vincents Hände. Blutflecken erschienen unmittelbar auf dem weißen Papier, als er eine Karte aus dem Umschlag zog.

Vincents Augen huschten über die Worte und er studierte anschließend die abgebildeten Zahnräder. „Was zum Teufel hat das schon wieder zu bedeuten?"

Auge um Auge – Blut um Blut.
Der Weg zur Erkenntnis kann sehr schmerzhaft sein. Sind Sie bereit, Ihren Tribut zu zollen?
Sie haben 35 Minuten, um ein Leben zu retten.
Dafür müssen Sie nur eine simple Entscheidung treffen und das Richtige tun …

Auf was verweisen die Zahnräder?

1. Auf einen Gegenstand
2. Auf einen Ort
3. Auf ein Jahr

CRIMINAL PROFILE

„Hüte dich vor falschen Propheten", entzifferte Vincent die Worte, die in das Holz des Weinfasses geritzt worden war. Zum Glück hatte er die Nachrichten alle eingesteckt, sonst wäre es ihm nicht gelungen, die Botschaft zu entschlüsseln.

Er runzelte die Stirn. „Welche Propheten?" War ein Priester gemeint? War dieser Spruch nicht sogar aus der Bibel? – Warum sollten die Täter ihn vor jemandem warnen? Das ergab doch am allerwenigsten Sinn.

„Hüte dich", murmelte er. „Hüte dich ... Soll das ein Hinweis auf die Hüter sein?" Vincent rieb sich die müden Augen. Sein Blick fiel auf seine Armbanduhr. Er hatte noch weniger als zwei Stunden Zeit. Nur wofür? Um hier rauszukommen? Dass diese Wahnsinnigen ihn nicht einfach gehen lassen würden, stand außer Frage. Aber der Detective hatte keine Ahnung, was er tun konnte. Ohne Waffe oder Unterstützung, ohne zu wissen, warum er hier war und wer ihn gefangen hielt ...

Er hatte nicht gerade viele Informationen zur Hand, aber hinter dem allen steckte eindeutig jemand mit den nötigen Mittel, das alles auf die Beine zu stellen. Und damit meinte er nicht nur finanziell. Nein, die Personen mussten auch Beziehungen und Macht haben. Die Hüter erschienen ihm als Täter immer wahrscheinlicher. Aber was hatte das alles mit ihm zu tun?

Verdammt, er drehte sich im Kreis! Er brauchte einen Moment, um in Ruhe nachdenken zu können.

„Sie sehen ein wenig verloren aus, Detective Williams", dröhnte es aus den Lautsprechern durch den Weinkeller.

Vincent hasste diese Stimme mittlerweile so sehr und er musste an sich halten, um nicht laut loszuschreien.

„Falsche Entscheidungen können Leben zerstören. Vielleicht sehen Sie langsam ein, dass Sie nicht der Superheld sind, der für Recht und Ordnung auf den Straßen von New York sorgt. Pah! Wie viele Menschen mussten wohl schon leiden, weil Sie vor lauter Recht und Ordnung den Weg nicht gesehen haben?"

Die Stimme verstummte und ließ Vincent noch ratloser zurück als zuvor. Er hatte keine Ahnung, auf was ihr Peiniger anspielte. Er konnte keinen seiner Fälle mit dem Ganzen hier in Verbindung bringen. Ja, er war auch nur ein Mensch, daher wäre es vermessen zu behaupten, dass er nie einen Fehler gemacht hatte. Aber Leben zerstört? Unschuldiges Blut vergossen? Das waren schon krasse Vorwürfe. Das konnte und wollte er nicht glauben!

„Ich habe wirklich keine Ahnung, was Sie von mir wollen! Warum bin ich hier? Was soll das alles? Und wo ist Alana? Was haben Sie mit ihr gemacht, Sie Wahnsinniger?!" Der Detective versuchte den Entführer zum Reden zu bringen. Nur so konnte er an weitere Informationen gelangen. Die Zeit lief ihm unaufhaltsam davon und er war sich sicher, dass der Plan des Täters nicht damit endete, dass Vincent nach Hause gehen konnte, um in San Francisco mit seiner Schwester Annie das Weihnachtsfest zu feiern …

„Alles zu seiner Zeit. Sie werden der Wahrheit noch früh genug ins Gesicht sehen müssen. Ach, und Miss Tyson …? Der geht es den Umständen entsprechend gut. Doch sie sehnt sich wirklich sehr nach Rettung, allerdings ist sie nicht die Einzige. Vielleicht haben Sie ja dieses Mal mehr Glück. Wo es weitergeht, finden Sie im siebten Fass von links. Und dieses Mal habe ich die Nachricht extra schön für Sie verpackt."

Ein blechernes Lachen ertönte, dann brach die Verbindung ab.

Vincent war frustriert. Er hatte nichts Neues erfahren und konnte weiterhin nur auf das reagieren, was geschah.

Noch immer in Gedanken versunken, trat er zu dem genannten Fass und schob mit vor Kälte steifen Fingern den Deckel herunter. Ein metallener Geruch stieg ihm in die Nase, den er sofort erkannte: Blut.

Zentimeterhoch stand die rote Flüssigkeit auf dem Boden. Im Inneren hatte jemand ebenfalls mit Blut eine Zahlenfolge auf die Seite des Fasses geschrieben. Eine weitere Nachricht – schon wieder im Zusammenhang mit Blut …

Wo soll Vincent nach einem weiteren Hinweis suchen?

1. **In einem Fass**
2. **An der Tür**
3. **Unter der Traubenpresse**

„Was sagen Sie, Vincent? Welches Seil ist das richtige?“ Pauline Porter trat mit der Waffe näher auf ihn zu.

„Es reicht, Polly!“, schimpfte Richard Porter lautstark. „Du hattest jetzt deinen Spaß, aber genug ist genug. Wir werden das alles hier und jetzt beenden und ich werde ein letztes Mal hinter dir aufräumen. Aber dann ist Feierabend. Ich drehe dir den Geldhahn zu.“

Besser spät als nie, dachte Vincent und verhielt sich stockstill. Solange Pauline auf ihrem Vater konzentriert war, hatte er eine Chance, sie zu überwältigen.

„Du meinst, so wie damals, als ich dich und dein Geld tatsächlich mal hätte brauchen können? Dein Name und dein Einfluss hätten Türen öffnen und Adam auf freien Fuß bringen können. Ich habe gebeten und gebettelt, aber du wolltest dich nicht für ihn einsetzen, Daddy.“ Sie spie das letzte Wort verächtlich aus. „Darum bin ich zur Presse gegangen und hab einer jungen Journalistin von allem berichtet. Von dir, von den Hütern ... Aber statt meines Artikels erschien plötzlich ein Exklusivinterview mit dir. Du hast Alana Tyson gekauft, um das Geheimnis der Hüter zu bewahren, aber einen Richter wolltest du nicht kaufen. Nur weil du Adam für einen Versager hieltest.

Dieser unfähige Anwalt, den ich stattdessen engagieren musste, hat es dann auch vermasselt und dieser tattrige alte Richter hat das Höchstmaß verhängt. Und Adam ist im Gefängnis getötet worden ... Du warst wahrscheinlich sogar noch erleichtert, dass ich vor lauter Trauer um Adam eine Fehlgeburt hatte. Richard Porter kennt kein Mitgefühl und keine Gnade. Das solltet ihr heute auch erleben, so wie mein Adam und unser Sohn. Meine Familie!“

Pauline hatte Vincent den Rücken zugedreht. Gerade wollte Vincent seine Chance nutzen und sie überwältigen, doch als er auf seinem Stuhl nach vorne rutschte, gab dieser einen quietschenden Laut von sich. Polly fuhr herum und richtete die Waffe auf ihn.

„Ah, ah, ah. Wer nicht hören will ...“, sagte sie zu ihm

und dann fuhr ein brennender Schmerz durch Vincents Oberschenkel.

Schmerzerfüllt schrie er auf und presste die Hände über die kreisrunde Wunde in seinem Bein, aus der in alarmierender Geschwindigkeit warmes Blut über seine Finger quoll. Der Geruch nach Kupfer, Schießpulver und seinem eigenen versengten Fleisch schoss ihm in die Nase und er musste würgen.

„Ich dachte, Sie hätten mittlerweile mitbekommen, dass ich es todernst meine, Vincent. Oder wollen Sie wie der Richter und der Anwalt enden? Dessen Leiche hätten Sie übrigens im Speisesaal gefunden. Ach, und wenn sie sich wundern, mit wem Sie die ganze Zeit gesprochen haben ... das war Tommy. Mein Freund." Alana machte Gänsefüßchen in die Luft. „Er war der Typ auf dem Flur, mit dem Loch im Kopf. Liebe macht wohl anscheinend wirklich blind. Er hatte seine Aufgabe erfüllt und wäre mir jetzt nur noch im Weg gewesen."

Aha, deswegen hatte Richard Porter gestockt, als er die Leiche des Mannes gesehen hatte. Er hatte ihn tatsächlich erkannt.

„Polly, es ist genug! Das führt doch alles zu nichts. Adam ist tot! Und selbst wenn er das nicht wäre, wärt ihr schon lange nicht mehr zusammen. Das war eine Jugendliebe und dein Freund ein Junkie und Versager! Sieh doch endlich der Realität ins Auge. Du machst dir hier dein Leben kaputt!"

„Adam war kein Versager!", schrie Pauline. Speichel spritzte aus ihrem Mund. Ihre Hand zitterte vor Wut, als sie ihren Vater mit der Waffe ins Visier nahm. „Ich werde dich zerstören und alles, was dir wichtig ist. Deine alles geliebten Hüter werden auffliegen und niemand wird mehr zugeben, dich gekannt zu haben!" Polly war auf ihren Vater zugegangen und sah ihn hasserfüllt an.

Vincent sah seinen Moment gekommen. Trotz der Schmerzen in seinem Bein stürzte er sich auf die junge Frau und schlug ihren Arm nach unten. Richard Porter ohrfeigte seine Tochter so heftig, dass diese zu Boden ging.

Ein verzweifelter Laut entfuhr ihrer Kehle, aber bevor sie sich aufrappeln und auf ihren Vater stürzen konnte, presste ihr Vincent sein Knie in den Rücken und fesselte ihre Hände mit dem Gürtel, den Porter ihm reichte ...

Hier geht es weiter

Antworten findest du nur an einem Ort!

F liegt im Norden von A und im Südosten von D.
E liegt im Südosten von F.
C liegt östlich von D und nordöstlich von B.

Totale Stille – das war das Erste, was Vincent auffiel, als er erwachte. Er konnte sich nicht erinnern, wann es zuletzt so ruhig gewesen war. New York City hatte nicht ohne Grund den Spitznamen der Stadt, die niemals schläft.

Verschlafen drehte sich Vincent im Bett um und stieß dabei mit dem Ellenbogen gegen eine Wand, die dort nicht sein sollte. Als er verwirrt die Augen öffnete, bereute er dies sofort: Ein stechender Schmerz bohrte sich einen Weg durch seine Synapsen und ließ ihn aufstöhnen. Er richtete sich alarmiert auf und stellte die Beine auf den Fußboden. Alles schien sich zu drehen und sein Magen rumorte. Er konnte sich nicht erinnern, wann er sich zuletzt so beschissen gefühlt hatte.

„Was zum Teufel ...? Wo bin ich?" Vincent massierte sich die Schläfen. Sein Schlafzimmer war das hier ganz sicher nicht. Mit zusammengekniffenen Augen sah er sich um: Ein halbdunkler Raum, an dessen Decke nur eine einzelne nackte 15-Watt-Glühbirne hing. Ein Bett, ein Holztisch mit einem Stuhl, keine Fenster, dicke Steinwände und eine massive Metalltür ... Irgendwas war hier ganz und gar faul! Vincent lief ein kalter Schauer den Rücken hinunter.

Schwerfällig stemmte er sich hoch und wäre dabei fast in die Knie gegangen, als eine Welle der Übelkeit über ihn schwappte. „Scheiße", stöhnte er. „Wie bin ich hierhergekommen?" Seine Erinnerung an den letzten Abend lag im Dunkeln. Er wusste noch, wie er von der Arbeit nach Hause gefahren war ... aber danach? Getrunken hatte er ganz sicher nicht – als Sohn eines Alkoholikers rührte er nur sehr selten Alkohol an. Das konnte den Filmriss also nicht erklären. Er befühlte seinen brummenden Schädel – keine Beule! Also blieb nur eines: Jemand musste ihn unter Drogen gesetzt haben! So wie er sich fühlte, wäre sein Vermu-

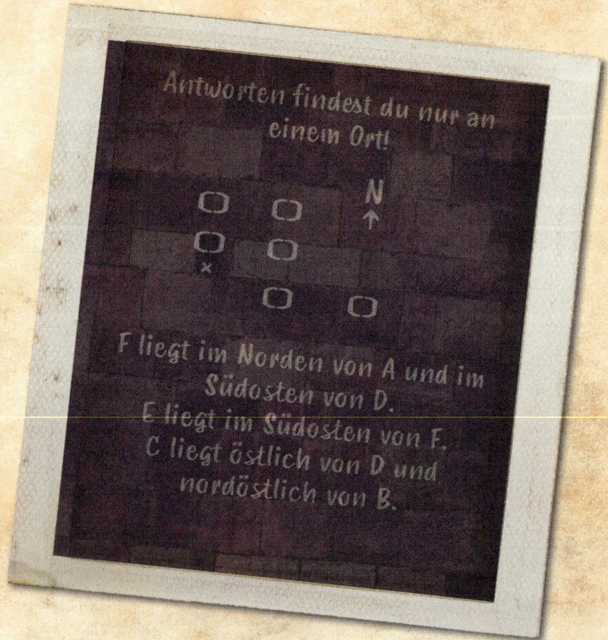

tung, dass es sich um GHB, liquides Ecstasy, gehandelt hatte. Eine teuflische Substanz, die ihm im Lauf seiner Karriere als Detective des NYPD leider schon häufig begegnet war. Aber wer steckte hinter dem Ganzen? Hatte ein alter Fall ihn eingeholt? Aktuell arbeitete er an nichts Heiklem ...

Mit unsicheren Schritten wankte er zur Tür und tastete nach dem Türknauf, doch seine Hand traf nur eine glatte, kühle Fläche. Das ungute Gefühl in seinem Inneren wurde stärker, als seine Fingerspitzen über einen kleinen Kasten rechts neben der Tür strichen. In grünen Buchstaben blinkte dort plötzlich „Code ungültig – Versuch 1 von 2“ auf.

„Hey! Hallo!“, rief Vincent lautstark und schlug mit der flachen Hand gegen die Tür. Ein heftiges Schwindelgefühl ergriff ihn und er lehnte sich mit der Stirn gegen das kühle Metall.

„Okay, Vince, reiß dich zusammen! Erst einmal raus hier und dann trittst du demjenigen in den Arsch, der das alles zu verantworten hat.“ Er verlangsamte seine Atmung, bis er das Gefühl hatte, wieder Kontrolle über sich zu haben.

Seine Augen hatte sich mittlerweile an das schwache Licht gewöhnt und er begann den Raum genauer unter die Lupe zu nehmen. Jemand hatte mit heller Farbe ein Bild auf eine Wand gemalt und darunter eine Botschaft geschrieben. Vincent studierte sie stirnrunzelnd.

Sein Blick huschte weiter über die karge Möblierung und den Holzfußboden. Als er direkt unter der Glühbirne nach unten guckte, entdeckte er erneut etwas Ungewöhnliches: Auf die Holzdielen waren mit einem dunklen Stift kleine Buchstaben geschrieben worden.

Vincent sank auf alle Viere. Nach und nach entdeckte er das gesamte Alphabet verteilt im Raum ...

Unter welcher Diele muß Vincent suchen?

1. Holzdiele F

2. Holzdiele B

3. Holzdiele A

8

„Was haben ein Jahr und ein Monat, aber eine Woche nicht?", murmelte Vincent leise und blickte sich hilfesuchend um. Da kam ihm die Antwort in den Sinn. „Das A!"

Anschließend fiel es ihm nicht schwer, die Lösung zu finden. „Adam!" War dies erneut eine religiöse Anspielung? Oder war damit der Mann im Video gemeint?

Zwei Dateien erschienen auf dem Display. Polizeiakten von Tina Lee Ruppor und Orson Hewitt. Während bei der 35-jährigen Frau nur zwei Delikte, nämlich für zu schnelles Fahren aufgeführt waren, hatte der ältere Mann eine Strafakte wie eine Einkaufsliste. Schwere Körperverletzung, Betrug ...

Weiter kam Vincent nicht. Der Bildschirm wurde erneut schwarz. „Wählen Sie jetzt!"

Vincent zögerte nicht. „Die Frau. Ich rette die Frau!"

Der Bildschirm zeigte jetzt nur noch den Mann. Vincent konnte deutlich erkennen, dass der Bohrer begonnen hatte, sich zu drehen und Blut die Stirn des Mannes hinunterlief.

Vincents Ohren dröhnten. Hatte er gerade jemand zum Tode verurteilt? Zwar einen Schwerverbrecher, aber trotzdem war es ein Mensch gewesen.

Vincent presste die Hände zu Fäusten zusammen. Der Schmerz, der von seiner zerschnittenen Hand ausging, holte ihn wieder in die Realität zurück.

„Die Frau im Brunnen – wir müssen uns beeilen", rief Vincent und eilte zur Tür.

Die Journalistin winkte ab. „Gehen Sie! Ich habe acht Minuten, um ein Rätsel zu lösen, das uns Hinweise geben soll, die uns weiterhelfen werden. Ich komme nach, wenn ich kann." Alana lächelte ihn tapfer an, aber Vincent schwor sich, so schnell wie möglich zurückzukehren. Sie beide waren zusammen so weit gekommen, dass er ein ungutes Gefühl hatte, ohne sie zu gehen. Aber Alana schwebte zurzeit nicht in akuter Lebensgefahr, der Frau im Brunnen jedoch lief die Zeit davon.

Eiskalte Luft strömte ihm entgegen, als er nach draußen kam. In der letzten halben Stunde war es noch kälter geworden und seine Zähne fingen unwillkürlich an zu klappern. Die Taschenlampe fest umklammert, schlitterte er zum Brunnen. Der Eimer, der zuvor die Nachricht versteckt hatte, lag noch immer dort und daneben ... lag eine zusammengerollte Strickleiter.

„Ich werfe jetzt eine Leiter runter. Gehen Sie so nahe wie möglich an den Rand!" Vincent wusste nicht, ob die gefesselte und geknebelte Frau ihn überhaupt hören konnte, aber das hinderte ihn nicht daran, mit ihr zu sprechen. Falls er ihr keinen Trost zusprechen konnte, dann konnte er damit wenigstens sich selbst ein wenig beruhigen.

Die Taschenlampe erneut zwischen die Zähne geklemmt, hob Vincent die Strickleiter, um sie nach unten in den Brunnen zu werfen. Doch als er sich über den Brunnenrand beugte, gefror ihm das Blut in den Adern: Die Frau war nirgendwo zu sehen! Der Brunnen war leer! Vincent stockte der Atem ... War das alles nur ein Trick gewesen? – Das Kamerabild musste eine Aufzeichnung gewesen sein...

„Fuck!“, schrie er laut in die dunkle Nacht hinein.

Er fühlte sich hilflos und verwirrt und wusste nicht so recht, was er tun sollte.

„Alana“, kam es ihm dann plötzlich in den Sinn. Hatte all das nur dafür sorgen sollen, sie beide voneinander zu trennen? Er musste so schnell wie möglich zurück in den Weinkeller.

Und egal, wer für das alles hier verantwortlich war, ob die Hüter, ein verrückter Serienkiller oder wer auch sonst – es wurde Zeit, dass derjenige Detective Vincent Williams kennenlernte!

Er rannte zurück zu der Tür, die ihn ins Innere führen würde, doch als er sie öffnen wollte, prallte er dagegen – verschlossen. Alarmiert trommelte er mit der Faust gegen das dicke Holz. „Alana!“ Keine Antwort. Da fiel ihm ein gelber Umschlag ins Auge.

Too litte, too late – Der Gedanke ist nicht immer das, was zählt, Detective. Wenn die arme Frau sich auf Sie hätte verlassen müssen, wäre sie bereits jämmerlich erfroren. Ein Schicksal, das auch Ihnen droht, wenn Sie nicht den richtigen Schlüssel finden.

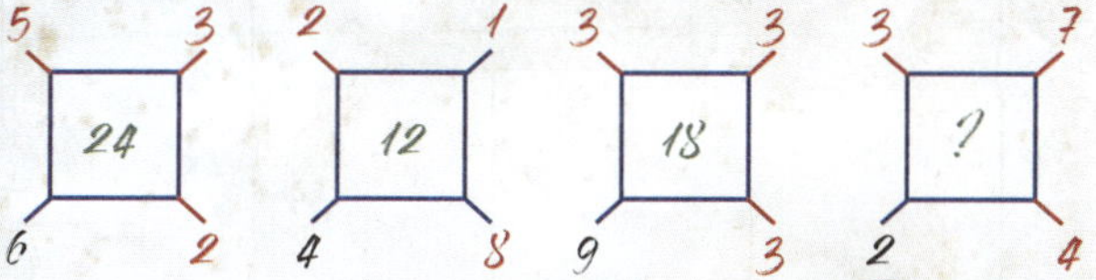

Welcher Schlüssel ist der richtige?

1. 78
2. 85
3. 82

Etwas im Inneren des kleinen Metallkastens klapperte, als Vincent am Zahlenschloss drehte, um den Code einzugeben. Zum Glück war ihm eingefallen, dass er die vier Farben der Opferkerzen zuvor schon einmal auf einer Wand gesehen hatte.

Es widerstrebte Vincent, den Anweisungen dieses Kriminellen blind zu folgen, aber solange sie nur so wenig wussten, durften sie nichts riskieren. Ihr Moment würde kommen, da war er sich sicher.

Als der Detective die letzte Zahl in die richtige Position gedreht hatte, ließ sich das Schloss problemlos öffnen. Im Inneren des Kastens lag ein ausführlicher Plan des Klosters, auf dem im Innenhof deutlich ein Brunnen eingezeichnet war.

„Unser Wasser", sagte Vincent und tippte auf die Stelle.

„Wir sind hier", sagte Alana an seiner Seite und deutete auf die Kapelle. „Wir müssen also nur durch diese Tür gehen und sollten dann in den Innenhof gelangen."

Vincent nickte und faltete den Plan ordentlich zusammen, bevor er ihn in die Hosentasche steckte.

Kalte Nachtluft schlug ihnen entgegen, als sie den Kreuzgang betraten, der den Innenhof von allen Seiten umgab. Dutzende von Säulen und kunstvolle Bogen schmückten ihn. Zu jeder anderen Zeit hätte Vincent die Architektur bewundert, jetzt hatte er kaum ein Auge für das Bauwerk.

Er fröstelte. Hier draußen waren es nicht mehr als 5° und sein dünnes Shirt bot kaum Schutz vor den Elementen. Es war auffallend ruhig, nur der Ruf eines Kauzes durchbrach die Stille. Keinerlei Verkehrslärm oder laute Stimmen – sie waren eindeutig nicht mehr in der City. Jemand hatte sich wirklich erschreckend viel Mühe gegeben und viel riskiert, als er sie aus der Stadt heraustransportiert hatte.

„Pssst! Haben Sie das gehört?" Ein Wimmern wie von einem verwundeten Tier erklang.

Alana legte den Kopf zur Seite und schüttelte dann den Kopf. „Was meinen Sie? Ich kann nichts hören."

„Da war irgendwas." Der Detective drehte den Kopf in alle Richtungen und lauschte. Und da war es wieder, das merkwürdige Geräusch. Vincent drückte sich durch zwei Säulen hindurch und lief über das verschneite Gras in Richtung des Brunnens. Er hatte eine dunkle Vorahnung, dass sie kein verletztes Tier, sondern einen weiteren Mitspieler finden würden ...

Der Brunnen war von einer großen Holzplatte abgedeckt. Vincent legte ein Ohr darauf. Er hatte richtig gehört – irgendetwas befand sich im Inneren.

„Helfen Sie mir", forderte er Alana auf und begann

die schwere Platte zu verschieben, bis sie krachend zu Boden fiel.

Vincent beugte sich über den Brunnen. Gedämpfte Töne erklangen aus der tiefen Schwärze.

„Hallo?“

„Hmmm-mmmh.“

„Da ist jemand“, murmelte Alana erschrocken und beugte sich so tief über den Brunnenrand, dass Vincent schon befürchtete, dass sie hineinfallen würde.

„Verdammt, wir brauchen mehr Licht!“

Suchend blickte sich der Detective um. Wenn der verrückte Kidnapper wollte, dass sie sein Spiel spielten, musste es irgendwo etwas geben, das ihnen weiterhelfen würde ...

„Ich hab was gefunden“, rief Alana und hielt etwas hoch, das im fahlen Mondlicht aufblitzte. Ein Umschlag!

Hektisch rissen sie ihn auf ...

Die Hälfte von 26 ist nicht die Lösung, mehr als 18 sollte es aber schon sein, aber weniger als 21.

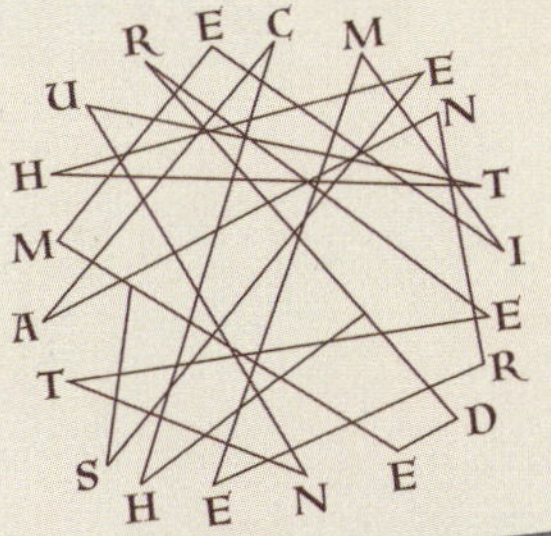

Welcher Gegenstand hilft den beiden, den nächsten Hinweis zu finden?

1. **Stein**
2. **Eimer**
3. **Spule**

POL
57

„Pauline Porter?“, murmelte Vincent verwirrt und blickte zu Richard Porter, der seine Augen jedoch nicht von der Frau wendete.

„Ach, Polly“, sagte Porter und schüttelte den Kopf. „Was hast du bloß angestellt?“

„Lange nicht gesehen, Vater“, erwiderte die blonde Frau.

„Vater?“ Vincents Verwirrung ließ nicht nach. „Ist das hier irgendeine Familiengeschichte, in die ich hineingeraten bin?“

Polly lachte verächtlich. „Es ist doch nicht zu fassen, dass Sie immer noch nicht wissen, warum Sie hier sind. Sie sind mir ja ein feiner Polizist!“ Das Gesicht der Frau war vor Wut verzerrt und wirkte dadurch ganz anders als zuvor. Die großäugige, verängstigte Alana war einer hasserfüllten Frau gewichen. „Ich gebe Ihnen mal einen Tipp: Es ist genau 15 Jahre her.“ Pauline machte eine Pause. „Und? Klingelt es da etwa immer noch nicht. Na gut, dann hören Sie mal genau zu: Vor 15 Jahren, am 14. Dezember, um genau zu sein, hat alles seinen Anfang genommen. Für Sie war es wahrscheinlich kein besonderer Tag, Detective. Und falls doch, dann haben Sie sich abends auf die Schulter geklopft dafür, dass Sie einen schlimmen Verbrecher hinter Gitter gebracht haben.

Sie waren damals noch ein junger Streifenpolizist und haben uns bei einer Verkehrskontrolle angehalten. Und nur weil Adam“, ihre Stimme stockte, „zwei kleine Verurteilungen wegen Drogenbesitzes hatte, haben sie sein Auto durchsucht. Das Kokain, dass sie dabei gefunden hatten, war alt. Adam war clean! Wegen mir, für uns! Ich hatte kurz davor erfahren, dass ich schwanger bin. Aber Sie wollten nur den Regeln folgen und haben Dienst nach Vorschrift gemacht. Haben völlig ignoriert, dass eine dritte Verurteilung automatisch lebenslänglich für Adam bedeutete. Mit Ihnen hat alles den Anfang genommen! ... Wenn Sie nicht gewesen wären ...“ Tränen der Wut stiegen Polly in die Augen, die sie hastig wieder wegwischte. „Und was musste ich vor einigen Monaten in der Zeitung lesen: Sie haben eine Belobigung vom Bürgermeister bekommen für Ihre Arbeit. Und das nur für einen großen Fall bei, dem Sie bereit waren, einige Regeln nicht nur bis zum Biegen, sondern sogar bis zum Brechen zu dehnen. Für eine Belobigung und einen Orden waren sie dafür bereit, aber für ein Menschenleben nicht. An diesem Tag habe ich meinen Plan gefasst, mich an Ihnen zu rächen. Für Adam!“

In Vincents Kopf ratterte es. Ganz dunkel meinte er, sich an etwas zu erinnern, aber 15 Jahre waren eine verdammt lange Zeit!

Richard Porter stöhnte hörbar auf. „Ich dachte, das hätten wir vor langer Zeit hinter uns gelassen, Pauline."

Vincent warf dem Mann einen stechenden Blick zu. Jetzt war wirklich nicht der Moment, um die Frau mit der Waffe in der Hand zu reizen. Aus ihren weit aufgerissenen Augen meinte der Detective den Wahnsinn förmlich spüren zu können.

„Hinter uns gelassen?", wiederholte Polly und wurde lauter. „Hinter uns gelassen?! Wie sollte ich es hinter mir lassen, die Liebe meines Lebens zu verlieren?! Du hättest das alles verhindern können, Vater", spuckte sie hasserfüllt aus und ging mit erhobener Waffe einen Schritt auf Porter zu. Dann schien sie sich wieder zu sammeln. „Aber ich schweife ab, du kommst als Letztes dran. Erst einmal darf Vinnie hier noch ein abschließendes Spiel spielen und mir zeigen, ob er ein echter Held ist. Wessen Leben möchten Sie retten? Ihres oder das von Alana?"

Mit diesen Worten schritt sie hinter einen Pfeiler und zog eine bewusstlose rothaarige Frau hervor. Die Frau aus dem Brunnen! Sie lebte!

„Selbstverständlich müssen Sie erst ein Rätsel lösen. Wenn Sie es richtig beantworten, bin ich vielleicht so nett, Miss Tyson hier überleben zu lassen und nur Sie zu töten. Ihre Entscheidung für die Karriere kann ich Alana am ehesten vergeben – so von Frau zu Frau."

Pauline Porter kicherte, doch es klang alles andere als fröhlich.

„Es ist ganz einfach", sagte sie und legte Alana eine Schlinge um den Hals. „Ich habe hier drei Seile. An einem hängen Gewichte, aber an zwei von ihnen Miss Tyson. Ziehen Sie am falschen Seil, wird sie stranguliert. Ein kleines Wortspiel hilft Ihnen vielleicht ..."

Nur einer sagt die Wahrheit:

Seil 1 sagt: Ich bin es nicht, der zum Tode führt.

Seil 2 sagt: Die drei ist der sichere Tod.

Seil 3 sagt: Die zwei lügt ganz sicher.

Welches Seil sagt die Wahrheit?

1. **Seil 1** 
2. **Seil 2** 
3. **Seil 3** 

Den heftigen Stromschlag noch lebhaft im Gedächtnis, zögerte Vincent, bevor er die Türklinke zu dem Raum mit der Nummer 12 hinunterdrückte. Doch dann gab er sich einen Ruck. Das Zimmer hinter der Tür war dunkel und nur das schwache Licht der Fackeln erhellte den ersten Meter. Angespannt trat Vincent über die Türschwelle.

„Kommen Sie herein, Detective Williams“, sagte eine elektronisch verzerrte Stimme.

Erschrocken fuhr Vincent herum, doch obwohl sich seine Augen an die Dunkelheit gewöhnten, konnte er niemanden entdecken. Er holte Luft und wollte gerade etwas sagen, als die Stimme erneut sprach. „Verzeihung, hatte ich den Eindruck erweckt, dass das jetzt eine Bitte war?“ Die Stimme enthielt einen süffisanten Unterton und Vincent lief ein kalter Schauer den Rücken hinunter. Davon ließ er sich jedoch nichts anmerken. Sich cool gebend hob er wie zur Entschuldigung die Hände und machte einen Schritt ins Unbekannte.

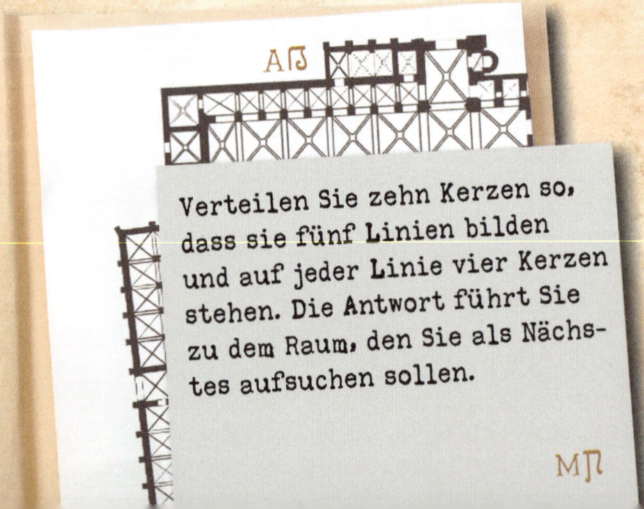

Die Tür fiel hinter ihm ins Schloss.

„Wer sind Sie? Was wollen Sie von mir?“, fragte Vincent.

„Alles zu seiner Zeit, Detective. Sie mögen ja in Ihrem Job der Boss sein, aber das hier ist nicht Ihre Show. Also sperren Sie erst einmal Ihre Lauscher auf.“

Vincent öffnete den Mund, überlegte es sich dann jedoch anders und schwieg. Vielleicht sollte er diesen Verrückten nicht gleich in den ersten Minuten herausfordern.

„Geht doch. Sie sind lernfähig. Das ist gut. Man sagt ja, dass alte Hunde keine neuen Tricks mehr lernen, aber bei Ihnen ist das hoffentlich anders“, spottete die Stimme.

Gleißendes Licht erhellte den Raum und Vincent presste instinktiv die Augen zusammen. Seine Kopfschmerzen waren neu erwacht und sein Magen drehte sich.

„Setzen Sie sich“, forderte die Stimme ihn auf und Vincent schaute auf den einzelnen Stuhl, der vor einem Tisch in der Mitte des Raums stand. In den vier Zimmerecken leuchteten kleine rote Lichter auf – Videokameras, die anscheinend jeden Winkel des Raumes überwachten. Anscheinend wollte der Kidnapper keinerlei Risiken eingehen.

Vincent nahm Platz und seine Hände wanderten automatisch zu der Akte, die vor ihm lag.

„Ah, ah, ah – schön langsam. Sie werden noch früh genug erfahren, was da drinsteht. Aber erst einmal zu Ihnen: Detective Vincent Williams, 37 Jahre alt, ledig, keine Kinder. Eltern verstorben, Schwester Annie, 33, lebt in San Francisco. Seit 15 Jahren im Polizeidienst tätig. Vier Jahre als Streifenpolizist, sechs bei der Sitte. Seit fünf Jahren arbeiten Sie in der Abteilung für Organisierte Kriminalität ...

Wie Sie sehen, beobachten wir Sie bereits seit längerer Zeit, Detective.

Sie haben eine sehr gute Aufklärungsquote, machen aber gerne Ihr eigenes Ding. Unter Ihren Kollegen gelten Sie als Einzelgänger. Das wird sich heute ändern. Sie haben sechs Stunden Zeit, um unsere Prüfungen zu bestehen und zu beweisen, dass Sie würdig sind, zu überleben. Aufgeben ist keine Möglichkeit und falsche Antworten oder Regelverstöße haben immer Konsequenzen ... wie Sie vorhin selbst erfahren durften. Um es aber etwas aufregender zu gestalten, werden es nicht jedes Mal Sie sein, der die Konsequenzen Ihrer Entscheidungen zu spüren bekommt. Wir waren so frei, Ihnen einige Mitspieler an die Seite zu stellen. Am schönsten spielt es sich doch schließlich in der Gruppe. – Ich würde sagen, legen Sie los!“

Vincent warf einen Blick auf seine Uhr und öffnete dann die Mappe vor sich. Der Ausschnitt eines Lageplans kam zum Vorschein. Kapelle, Refektorium, Kapitelsaal ... Befand er sich etwa in einem Kloster? Auf einem Post-it auf der Innenseite der Mappe haftete zudem eine weitere Nachricht ...

Welche Form führt dich zur richtigen Lösung?

1. **Die Form fängt mit einem P an – Kapelle** 
2. **Die Form fängt mit einem F – Kapitelsaal** 
3. **Die Form fängt mit einem W an – Bibliothek** 

Die Nachricht hatte für Vincent zunächst wie Kauderwelsch ausgesehen. Erst nach genauer Betrachtung waren ihm die beiden Zeichen in den Ecken des Zettels aufgefallen, die zusammengesetzt die Zahl 7 bildeten. Nachdem er die Buchstaben um sieben Positionen nach links verschoben hatte, hatte er die Zeilen aus dem Psalm 23 lesen können. Die Nonnen in seiner alten Schule hatten ihnen diesen so eingebläut, dass Vincent ihn auch mehr als 20 Jahre später noch Wort für Wort aufsagen konnte.

„Und woher sollen wir bitte wissen, wo hier Wasser ist?" Zwischen Alanas Brauen hatte sich eine kleine Denkfalte gebildet.

„Gute Frage!" Vincent zuckte die Schultern. „Auf dem kleinen Plan war nichts eingezeichnet. Vielleicht haben wir hier etwas übersehen." Suchend blickte er sich um. „Ich schaue auf der linken und sie auf der rechten Seite nach."

Alana nickte und begann die Bankreihen abzulaufen.

„Was ist das Letzte, an das Sie sich erinnern können, bevor Sie hier aufgewacht sind?", fragte Vincent.

„Ich war bis 21 Uhr im Büro und bin dann mit der U-Bahn nach Hause gefahren. Danach ist alles schwarz."

„Hmm." Schade, Vincent hatte gehofft, dass sich die Frau an mehr erinnern konnte als er selbst. Sein Blick fiel auf den Boden und er stutzte. Doch bevor er etwas sagen konnte, entdeckte er, dass Alana auf eine Tür hinter dem Altar zugegangen war und unbedarft nach der Klinke griff.

„Warten Sie!" Hatte sie ihm vorhin nicht zugehört? „Nicht die Türklinke anfassen!"

Alana, die Hand bereits erhoben, zuckte zurück. „Was?" Verwirrt blickte sie zu Vincent und dann zurück zur Tür.

„Ich habe Ihnen doch von dem Stromschlag erzählt!", antwortete Vincent.

Alana wurde blass. „Ich kann nicht glauben, dass ich beinahe so einen dummen Fehler gemacht hätte. Zuhören ist schließlich mein Job!"

„Ihr Job?", fragte Vincent neugierig. „Sind Sie Psychotherapeutin?"

„Ach du meine Güte, nein!" Alana lachte kurz auf. „Ich schreibe für die Times."

Das half ihm nicht weiter. Obwohl ... „Dann sind Sie es ja gewöhnt, Dinge genau unter die Lupe zu nehmen. Das wird bestimmt nützlich sein."

Die Frau nickte. „Haben wir uns eigentlich schon einmal irgendwo gesehen? Sie kommen mir irgendwie bekannt vor ..."

„Ich bin Polizist. Vielleicht bei einem Fall?" Der Detective bezweifelte das jedoch. Alana war eine attraktive Frau, die vergaß man nicht so leicht.

„Hmmm, ich weiß nicht. Aber ich komme noch drauf ... Ich arbeite gerade an einem Artikel, vielleicht hängt es damit zusammen ...“

„Das ist merkwürdig“, unterbrach Vincent sie. Er war vor dem Opferstock stehengeblieben, auf dem mehr als ein Dutzend Kerzen brannten.

Alana trat näher an ihn heran. „Was meinen Sie?“

Vincent deutete auf die Kerzen. „Haben Sie schon einmal bunte Kerzen in einem Opferstock gesehen?“

Die Journalistin schüttelte den Kopf. „Aber wie hilft uns das weiter?“

„Das weiß ich auch noch nicht, aber irgendwie kommen mir die Farben bekannt vor ...“

„Hier hinten“, murmelte Alana und griff über die Kerzen hinweg nach einem Gegenstand. Zum Vorschein kam ein kleiner Kasten, der mit einem Nummernschloss gesichert war und auf dem ein Zettel klebte: „Öffne mich und ich zeige dir den Weg!“

Welcher Code öffnet den Kasten?

1. 7463
2. 3467
3. 4673

„O8940“, rief Vincent Alana zu, die begann, die Ziffern in das Nummernfeld des Laptops einzutippen.

„Der PIN ist falsch. Versuchen Sie es erneut“, war die Antwort der Journalistin.

„Das kann nicht sein. – 08940!“

„Mist, ich ... ich habe mich vertippt ... tut mir leid!“ Alana schüttelte den Kopf und gab die Zahlenfolge noch einmal langsam ein.

Der Laptop entsperrte sich. „Gott sei Dank! Ich hatte schon Angst, dass es nur einen Versuch gibt. Tut mir so leid, aber das Adrenalin ... Ich werde mich jetzt besser konzentrieren.“ Alana klang erleichtert.

Der Laptop war hochgefahren und der Desktop erschien. Nur ein einziges Icon war auf dem Bildschirm zu sehen, das mit „Überwachung“ betitelt war.

Mit einem Doppelklick auf das Symbol öffnete Alana ein Videoprogramm. Ein Splitscreen kam zum Vorschein. Auf der linken Seite des Bildes sahen die beiden einen gefesselten Mann, der auf einem Stuhl saß. Sein Kopf war an einer Lehne festgebunden und ein Gerät, das wie ein Bohrhammer aussah, befand sich in Stirnhöhe vor seinem Kopf. Die Augen des Mannes waren angsterfüllt aufgerissen.

Auf der rechten Hälfte des Bildschirms war die Frau im Brunnen zu sehen. Unter ihrem Bild erschien wie von Geisterhand eine Nachricht: „Ich habe Sie vor den Konsequenzen gewarnt, wenn Sie einen Fehler machen.“

Das Kamerabild zoomte auf eine Öffnung oberhalb der Frau, aus der auch sogleich Wasser herausschoss.

„Oh nein, das ist alles meine Schuld!“, rief Alana entsetzt.

„Schuld, das ist ein passendes Stichwort“, hallte plötzlich die blecherne Stimme ihres Peinigers durch den Weinkeller.

Alana schrie auf. Vincent, der die Taschenlampe in der Hand hielt, zuckte automatisch in Richtung der Stimme und leuchtete direkt auf einen Lautsprecher, der versteckt an der Gewölbedecke angebracht war.

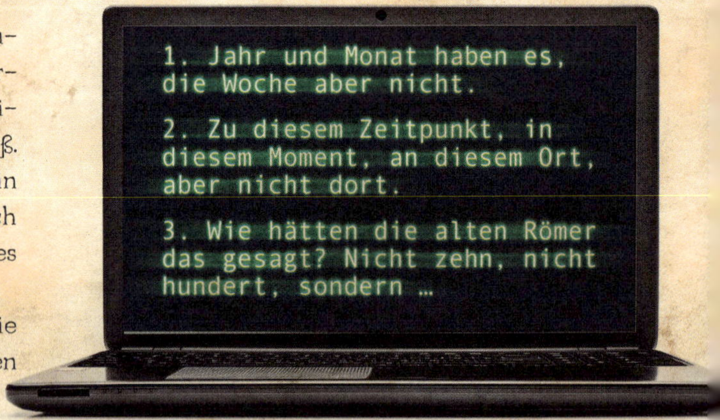

„Schuld auf sich zu laden, ist etwas Furchtbares. Meinen Sie nicht auch, Detective?“

Vincent antwortete nicht. Er hatte so eine Ahnung, dass das ihrem „Gastgeber“ nicht gefallen würde. Und vielleicht hatte er endlich Gelegenheit, diesen ein wenig aus der Deckung zu locken. Innerlich fühlte er sich, als würde er explodieren, während er aus dem Augenwinkel die hilflose Frau im Brunnen beobachtete.

„Haben Sie dazu nichts zu sagen, Detective?“

Vincent hob entschuldigend die Hände. „Das ist Ihre Show. Sagen Sie mir, was Sie hören wollen, und ich erzähle es Ihnen.“ Er machte eine kurze Pause. „Aber dafür lassen Sie die anderen gehen, okay? Dann können wir beide uns ganz in Ruhe unterhalten.“

Ein prustendes Lachen war seine Antwort. „Sie sind ganz schön arrogant. Denken Sie etwa, dass wir nur wegen Ihnen hier sind? Wie eingebildet muss man sein? Miss Tyson hat ebenso Schuld auf sich geladen wie die anderen Mitspieler. Sie haben zwar noch nicht alle persönlich kennenlernen können, aber Sie sehen ja gerade einen weiteren vor sich auf dem Bildschirm.“

Vincents Augen zuckten zu dem Mann auf dem Stuhl.

„Die Nachricht auf dem Friedhof hat Ihnen gesagt, dass Sie ein Leben retten können. Aber eben auch nur eins. Sie haben fünf Minuten Zeit, sich zu entscheiden.

Ich helfe Ihnen auch gerne bei Ihrer Entscheidung, indem ich Ihnen ein paar Informationen gebe. Dafür müssen Sie nur das Lösungswort eingeben. – Und ich denke, für Miss Tyson werden wir jetzt auch mal den Einsatz erhöhen. Sie bekommt ein eigenes Rätsel. Und nicht schummeln, Sie beide. Denken Sie daran, ich höre alles! Im dritten Fass in der letzten Reihe finden Sie einen weiteren Laptop, Miss Tyson.“

Vincent zuckte überrascht zusammen, als Alana hektisch zu dem dritten Fass lief und dabei krachend ein weiteres Weinfass zu Boden riss. Doch er hatte keine Zeit, mit ihr zu sprechen. Sein Bildschirm wurde schwarz und ein Text erschien ...

Welches Passwort muss Vincent eingeben?

1. **Ein Name**
2. **Ein Mordmotiv**
3. **Ein Ort**

Ein klackerndes Geräusch begleitete das Fallen der Kette, nachdem Vincent die Buchstaben auf das Wort „NEUN" gedreht hatte. Glücklicherweise war ihm das Bild mit den Zahlen aufgefallen, dass ihn zur Lösung geführt hatte.

Als der Detective den Deckel vom Fass zog und die Taschenlampe ins Innere richtete, blitzten ihm graue verschwitzte Haare entgegen und nicht die blonde Langhaarfrisur, wie erhofft. Stirnrunzelnd half er dem Mann, der viel zu groß für das enge Fass zu sein schien, den Knebel aus seinem Mund zu ziehen und aus dem Fass hinauszuklettern.

Keuchend atmete dieser die frische Luft ein. „Ich danke Ihnen! Als ich da drinnen aufgewacht bin, hatte ich schon Angst, lebendig begraben worden zu sein!" Der Mann schüttelte ihm erleichtert die Hand, dann griffen seine Hände ruhelos an seinen Hals, so als ob er eine Krawatte richten wollte. Vincent sah sich ihn noch einmal genauer an und ein gepflegter anzugtragender Mann erschien vor seinem geistigen Auge. Plötzlich wusste er, wer da vor ihm stand.

„Ich kenne Sie doch ... Richard Porter, richtig?"

Porter war ein Milliardär, der in den Vorständen diverser Banken saß und aufgrund seiner politischen Aktivitäten, seiner Wohltätigkeitsarbeit und seines Geschäftssinns stets in den Nachrichten auftauchte.

Porter nickte. „Ich danke Ihnen für die Hilfe, Mr. ..."

„Williams, Vincent Wi..."

„Das ist genug Kaffeeklatsch, Detective", wurden sie durch den Lautsprecher unterbrochen. „Ich dachte, meine Regeln wären klar und deutlich gewesen!"

Vincent bemerkte mit Genugtuung, dass die Stimme zum ersten Mal in dieser Nacht nicht ruhig und herablassend klang. Anscheinend hatte er den ersten Riss in der überlegenen Fassade ihres „Gastgebers" erzeugt.

„Sie hätten längst im Speisesaal sein sollen. Da hat eine gewisse Person sehnsüchtig auf Sie gewartet. Nun ja, mittlerweile hat das Warten wohl ein Ende gefunden ... Mr Porter", den Namen schien die Stimme förmlich auszuspucken, „spielt mal wieder nach seinen eigenen Regeln. Er hätte noch gar nicht wach sein sollen ..."

Alana! Ein kalter Schauer lief Vincent über den Rücken. Er hatte versagt! Kraftlos lehnte er sich gegen die Wand.

„Da Sie so frei waren, die Regeln zu ändern, tue ich das Gleiche. Sie haben noch 30 Minuten, um zu mir zu gelangen. Wie, trägt der liebe Ricky in der Hosentasche. Sollte es Ihnen beiden nicht gelingen, rechtzeitig das Ziel zu erreichen, werden Sie hier an diesem gottverlassenen Ort sterben!"

Vincent spürte neue Energie in sich aufflammen. Die Aussicht, diesem Mistkerl in nur wenigen Minuten endlich gegenüberzustehen, ließ sein Adrenalin hochfahren und die Müdigkeit wich aus seinen Knochen. Gleich würde er seine Chance nutzen und den Spieß umdrehen! Sollte Alana wirklich tot sein, dann gab es nichts mehr, was dieser Irre als Druckmittel gegen ihn einsetzen konnte.

Der Milliardär an seiner Seite hatte bereits begonnen, seine Hosentaschen abzusuchen.

„Lassen Sie uns das Rätsel schnell lösen und dann einen Schlachtplan aufstellen.“ Die letzten Worte flüsterte Vincent nur. „Ich habe keine Ahnung, ob die Hüter hinter allem stecken, wie Alana vermutet hatte, oder irgendein Krimineller, aber …“

Wäre sein Blick nicht gerade zufällig über das Gesicht des Mannes gestrichen, wäre Vincent das kleine Zucken um dessen Mundwinkel wohl entgangen.

Moment mal – Richard Porter, ein Milliardär mit Einfluss im Finanz- und Bankenwesen, der seine Finger zudem in der Politik hatte … War er einer von ihnen? Konnte Vincent ihm überhaupt vertrauen?

Er zögerte kurz und öffnete den Mund, schloss ihn dann jedoch wieder. Es machte keinen Unterschied. So oder so war es Zeit, das alles hier zu beenden!

Porter zog eine gefaltete Karte aus seiner Hosentasche, die ihm Vincent sofort aus der Hand nahm …

DEZEMBER 20

Des Rätsels Lösung ist nicht die vier, die sieht man nämlich gar nicht hier. Muss ich denn noch mehr dir sagen? Ein einz'gen Versuch, den darfst du wagen …

77777777111111155555555511192211172228885 8
5333333888333333113333333771333333288366936
5366663111366666868666366615136666691133663 6
9366663888333333118666366666563333311883636 37
5366663111666663525666366667793666666999366335
5333333888333333325566636661113333331123666 36
112117888889511110000000257257200011166699926

Welche Richtung muss Vincent einschlagen?

1. **Norden** Ψ
2. **Westen**
3. **Osten**

Vorsichtig betrachtete Vincent die Anzeige des elektronischen Türschlosses, in dem noch immer „Code ungültig – Versuch 1 von 2" aufblinkte. Wenn er dieser Aussage Glauben schenken sollte, dann hatte er nur einen Versuch, um den Raum zu verlassen.

Sorgfältig las er noch einmal das Horoskop, das er im Umschlag gefunden hatte, und betrachtete die Symbole, die ebenfalls auf den Tasten auf dem Display abgebildet waren. Er prägte sich die Reihenfolge genau ein, bevor er 45723 eingab.

Kaum hatte er das Symbol der Kartenfarbe Kreuz gedrückt, wurde das Display grün und die Tür öffnete sich mit einem leichten Zischen.

Vincent zog die Tür vorsichtig auf, hielt kurz auf der Türschwelle inne und lauschte. Aber nichts tat sich.

Entschlossen machte er einen Schritt vorwärts. Vincent stand nun in einem langen Gang, der von Fackeln beleuchtet war. Die altertümliche Beleuchtung bildete einen merkwürdigen Gegensatz zu dem elektrischen Schloss des vorherigen Raumes. Vincent ließ die Hand über die kühlen rauen Mauern gleiten und verschaffte sich einen Überblick über sein Gefängnis. Hinter ihm befand sich eine Wand. Rechts und links des Ganges lagen Türen. Anders als beim vorherigen Raum verfügten diese jedoch über normale Türklinken.

Aufmerksam schaute sich Vincent um und schritt den Gang entlang. Gab es hier eine weitere Botschaft?

Suchend blickte er sich um. Die Wände waren kahl. Keine Nachrichten, keine Bilder, nur nackter Stein. Beim genaueren Hinsehen konnte der Detective erkennen, dass es sich bei den Lichtern nicht um echte Fackeln handelte, sondern um gut gemachte LED-Kopien.

Unsicher drehte sich Vincent im Kreis. „Hallo?!", rief er erneut. Doch wieder blieb sein Ruf unbeantwortet. Was sollte er jetzt tun?

Vincent zuckte mit den Schultern und griff nach der nächstgelegenen Türklinke. – Kaum hatte seine Hand den Griff berührt, schien seine Welt in Flammen zu stehen. Ein heißer Blitz schoss durch seinen Körper und schleuderte ihn zu Boden. Vincent schnappte nach Luft, sein Herz raste und seine Arme und Beine wurden von Zuckungen geplagt.

„Fuck!", stieß er hervor, als sich sein Organismus von dem heftigen Stromschlag zu beruhigen begann. „Wollt ihr mich verarschen? Was soll der Scheiß?", schrie er in den Flur hinein.

Sein Herz raste in seiner Brust und seine Gliedmaßen zitterten unkontrolliert, als sich Vincent vom Boden hochkämpfte. Die Wut auf seine Entführer wuchs. „Ihr könnt euch warm anziehen. Wenn ich euch in die Finger bekomme", stieß er zwischen zusammengebissenen Zähnen hervor, als ihn plötzlich etwas innehalten ließ. – Ein helles Licht flackerte in unregelmäßigen Abständen am Ende des Flurs auf. Ohne die Wände und Türen zu berühren, taumelte Vincent in Richtung des Lichts.

Ein Zettel schien plötzlich vor ihm in der Luft zu schweben, aber auf den zweiten Blick konnte er eine durchsichtige Schnur erkennen, an der dieser befestigt war. Vincent wollte bereits nach der Nachricht greifen, als er zurückzuckte. Zu frisch war noch die Erinnerung an den schmerzhaften Elektroschock, der ihm gerade verpasst worden war.

Der Detective trat näher an die Botschaft heran und betrachtete unter dem Schein des flackernden Lichts, was darauf geschrieben stand – ohne etwas zu berühren. Sicher war sicher!

Ein guter Detective verlässt sich nicht auf den ersten Eindruck. In wie vielen Quadraten hat der Schütze ins Schwarze getroffen? Die Anzahl zeigt Ihnen die Nummer der sicheren Tür!

Die Tür zu welchem Raum kann Vincent unbedenklich öffnen?

1. Raum 16 **2. Raum 10** **3. Raum 12**

Dreimal hatte Vincent den Schlüssel fallengelassen, bevor es ihm gelang, ihn in das Schloss zu stecken. Seine Finger waren so kalt, dass er sie gar nicht richtig fühlen konnte. Wie es ihm bei der Temperatur und den Strapazen der Nacht überhaupt gelungen war, herauszufinden, dass er die roten Zahlen multiplizieren und die schwarze Zahl vom Ergebnis subtrahieren musste, war ihm ein Rätsel.

Er riss die Tür auf und schlug sie hinter sich zu. Das Innere des Klosters war zwar nicht gerade warm, aber im Vergleich zum eisigen Wind kam es Vincent im ersten Moment nahezu himmlisch vor.

Bibbernd eilte er den Weg zurück in den Weinkeller. Hoffentlich war Alana noch dort und wartete auf ihn. Doch seine Hoffnung wurde zerschlagen, als er den Gewölbekeller betrat.

„Alana!"

Sie war weg!

Das Blut dröhnte in seinen Ohren und ihm wurde übel. „ALANA", schrie er lauthals und suchte den Raum nach ihr ab.

Nichts. Keine Spur, kein einziger Hinweis.

Der Laptop, an dem sie zuvor gestanden hatte, war ebenso weg wie die blonde Frau selbst.

Vincent hatte einen großen Fehler gemacht. Obwohl Alana es so gewollt hatte, hätte er sie nicht alleine lassen dürfen.

Eine düstere Vorahnung ergriff von ihm Besitz. Er klappte „seinen" Laptop auf, der noch am gleichen Platz stand ... das Bild hatte sich nicht verändert; der Mann auf dem Stuhl, die Frau im Brunnen.

Seine Befürchtung hatte sich bewahrheitet. Die Bilder waren Aufzeichnungen und nicht live. Der Mann war schon tot gewesen, bevor Vincent sich überhaupt entschieden hatte, das Leben der Frau zu retten. Was sollte diese Farce?

Und wieso hatte er zu Beginn die reelle Chance bekommen, Alanas Leben zu retten, aber nicht das von ... – zu seiner Schande musste der Detective sich eingestehen, dass er die Namen der beiden Personen bereits vergessen hatte. Er schaute noch einmal auf dem Laptop nach: Tina Lee Ruppor und Orson Hewitt.

Vincent schrie frustriert auf. Irgendetwas übersah er!

Erschöpft ließ er sich auf den

Boden sinken und lehnte sich an ein Weinfass. Dann rekapitulierte er alles, was bisher geschehen war: Er war entführt worden, zusammen mit mindestens drei anderen Personen. Vincent kannte keinen von ihnen – weder privat noch konnte er ihre Namen mit einem seiner Fälle in Verbindung bringen. Die bisherigen Botschaften des Wahnsinnigen waren voller Anspielungen darauf gewesen, was Vincent irgendwann einmal getan hatte. Nur was?

„Auge um Auge", murmelte Vincent. „Adam? Ich kenne keinen Adam ..." Das alles hier war persönlich – das war klar. Aber er konnte sich dennoch keinen Reim darauf machen.

„Ein Polizist, eine Reporterin, ein Krimineller und ..." Vincent wurde es mit einem Schlag bewusst: „Orson Hewitt – den Namen kenne ich doch."

Er zog den Laptop zu sich herab, öffnete noch einmal die Akte des Mannes und sah sie sich genauer an. Die Akte war manipuliert worden und Vincent hatte demjenigen in die Hände gespielt. „Orson Hewitt war kein Schwerverbrecher, sondern ein Richter", murmelte er fassungslos. In der genaueren Auflistung der Verbrechen standen neben den Verurteilungen auch die zugehörigen Richter, unter ihnen Orson Hewitt.

Vincent musste schlucken. Er hatte ein vorschnelles Urteil gefällt, das komplett auf Vorurteilen beruht hatte. Das Ergebnis war dadurch zwar nicht beeinflusst worden, aber irgendwie hatte er dennoch das Gefühl, dass das Blut eines New Yorker Richters an seinen Händen klebte.

Ein lautes Klacken hallte durch den Weinkeller und Vincent riss den Kopf schützend zur Seite, als ein grelles Scheinwerferlicht auf ein Fass leuchtete, das neben ihm stand.

Eine merkwürdige Botschaft war in das Weinfass eingeritzt worden.

Was haben die Symbole zu bedeuten?

1. **Ein Hilfsmittel**
2. **Eine Warnung**
3. **Ein Versprechen**

Warum Richard Porter so erfolgreich im Finanzwesen war, zeigte sich für Vincent, als dieser nach einem kurzen Blick auf das Rätsel begann, die Zahlenkombination in das Schloss einzugeben.

„Warten Sie", sagte Vincent, als der Mann die Hand auf die Türklinke legte. „Wir wissen nicht, wer oder was uns da drinnen erwartet, aber ich habe nicht vor, mich kampflos zu ergeben. Bevor wir also da reingehen, muss ich wissen, ob ich auf Sie zählen kann." Er blickte dem älteren Mann direkt in die Augen. „Kann ich Ihnen vertrauen, Mr. Porter?"

„Sie können darauf vertrauen, dass ich noch nicht bereit bin, zu sterben, junger Mann", erwiderte Porter und machte einen entschlossenen Schritt ins Innere des Gebäudes.

„Das muss dann wohl gut genug sein", murmelte Vincent und folgte dem Milliardär.

Der Flur, den sie betraten, zweigte nach rechts und links ab. Grablichter standen in einigem Abstand verteilt auf dem Boden und beleuchteten schwach die linke Seite. Mit einem unguten Gefühl blickte Vincent hinter sich und folgte Porter nach links. Immer wieder drehte er sich um. Er war sich sicher, dass sie beobachtet wurden, und dieses Mal nicht nur durch Kameras. Jemand war hier!

Fast wäre Vincent in den älteren Mann hineingelaufen, als dieser abrupt stoppte.

„Was is…?" Er beendete seine Frage nicht, als er den Grund für Porters Halt entdeckte.

Ein Mann lag quer über dem Gang. Er hatte ihnen den Rücken zugewandt.

Vincents Herz begann schneller zu schlagen. Handelte es sich um eine weitere Falle?

Er presste seinen Zeigefinger auf die Lippen und bedeutete Porter, ruhig zu sein. Dann sprang er vor, drehte den Mann mit einer schnellen Bewegung auf den Rücken und presste ihm seinen Unterarm gegen die Kehle …

Weit aufgerissene Augen, die ins Nichts starrten. Der Mann hatte ein Einschussloch direkt in der Mitte seiner Stirn.

„Er ist noch warm", sagte Vincent und versuchte den Puls des Mannes zu ertasten, obwohl er wusste, dass es dafür zu spät war. „Kennen Sie ihn?", fragte er Porter.

Dieser schüttelte den Kopf, aber der Detective hatte ein kurzes Zögern bemerkt und Vincent war sich sicher, dass das eine Lüge war.

„Hier können wir nichts mehr tun", sagte Porter kühl und ging weiter.

Vincent blickte ihm unentschlossen hinterher, stand dann aber auf und folgte. Der einzige Weg, der ihm blieb, war nach vorne.

Porter war erneut zum Stehen gekommen, dieses Mal vor einer doppelflügeligen Tür. Er schien sich zu sammeln, dann presste er beide Hände gegen die Griffe und stemmte die Flügel auf.

Das Erste, was Vincent sah, war ein Kerzenmeer. Es schien förmlich zu brennen. Ein schwerer, süßlicher Geruch nach Weihrauch waberte durch den Raum.

„Nur hereinspaziert“, sagte eine Frauenstimme und Vincent erstarrte, als er sah, wer sie mit einer Waffe in der Hand begrüßte.

„Alana?“, fragte er ungläubig.

Und dann war es plötzlich, als würde vor seinem inneren Auge ein Film ablaufen. Alanas Schuhe waren feucht, als sie durch die Kapelle lief ... Aber wie konnte das sein, wenn sie längere Zeit dort gefesselt lag? ... Sie war so mitfühlend – hatte aber zugleich auch nicht wirklich geholfen, die Rätsel zu lösen ... Der Fehler bei der Eingabe, der den Richter angeblich das Leben gekostet hatte ... Sie wollte nicht mitkommen, um die Frau aus dem Brunnen zu retten ... Vincent fühlte sich wie benommen, als die Gedanken durch seinen Kopf rasten. Er war von Anfang an an der Nase herumgeführt worden.

„Nehmen Sie Platz, Detective.“ Alana deutete mit der Pistole in der Hand auf zwei Stühle, die mit einigem Abstand voneinander vor einem dritten Stuhl platziert waren. Die drei Sitzgelegenheiten bildeten ein Dreieck.

Auf dem ihm zugewiesenen Platz entdeckte Vincent eine Visitenkarte.

Was steht auf der Visitenkarte

1. Der Grund für das Spiel

2. Die Identität der Frau

3. Was als Nächstes geschehen wird

„Wer hat sich das alles nur ausgedacht?!", stieß Vincent zwischen zusammengepressten Zähnen hervor. Wie gestört musste man sein, um einen Kindersarg mit einer blutverschmierten Botschaft zu hinterlassen, die auf Mauersteine hinweist?

„Was könnte damit gemeint sein?", fragte Alana schwach. „Mit der Nachricht, meine ich. Unschuldiges Blut …?"

Verwirrt studierte Vincent die Nachricht. „Ich habe nicht den leisesten Schimmer. Ich glaube, dieser Irre spinnt sich irgendeinen Mist zusammen. ‚Man hat nicht immer das Richtige getan, nur weil man das Richtige tut.' Was soll denn dieser philosophische Mist? Als Nächstes erzählt uns jemand, dass der Zweck die Mittel heiligt …"

„Ist das nicht irgendwie so?"

Abwehrend hob Vincent die Hände. „Manchmal vielleicht, aber erst einmal geht es um Recht und Ordnung – um Gesetze und Regeln, die es einzuhalten gilt, wenn man Teil einer Gesellschaft sein will."

Alana fuhr sich mit den Händen durchs Gesicht. „Sorry, ich wollte Sie nicht aufregen. Ich versuche doch nur, mir einen Reim aus dem allen hier zu machen. Und bis jetzt haben wir noch nicht viele Informationen bekommen, warum wir hier sind."

„Ist okay. Das alles macht mich nur so wütend. Wir wurden beide unter Drogen gesetzt und entführt. Keine 100 Meter weit entfernt sitzt eine Frau in einem Brunnen fest und wird grausam erfrieren oder ertrinken … Und wir bekommen ominöse Nachrichten, wie in einer mörderischen Schnitzeljagd …" Vincent hatte sich mittlerweile richtig in Rage geredet. „Komm raus und stell dich mir wie ein Mann!", schrie er lautstark. Seine Stimme hallte verloren über den verlassenen Friedhof.

Alana räusperte sich leise. „Vielleicht sollten wir uns die Klostermauern anschauen. So wie die Botschaft gesagt hat." Sie legte eine Hand auf Vincents Schulter und schaute ihn verständnisvoll an.

Vincent nickte abrupt und stapfte auf die Mauer zu, die entlang des Friedhofs verlief. Dann drehte er sich plötzlich zu ihr um. „Die Nachricht war explizit an mich gerichtet – genau genommen fast alle Nachrichten bisher. Wenn der Täter oder diese Hüter oder wer auch immer also mit mir ein Hühnchen zu rupfen hat, warum sind Sie dann hier? Oder diese andere Frau?"

„Ich … ich weiß es nicht. Vielleicht haben sie herausgefunden, dass ich eine Reportage über sie schreibe und sie auffliegen lassen werde?" Alana wirkte verunsichert.

„Hmm", machte Vincent nur. So richtig wollte alles noch nicht zusammenpassen. Diese Sache war für den oder die Täter persönlich. Aber hätten die Hüter wirklich so lange im Verborgenen agieren können, wenn

sie bereit waren, eine Vendetta gegen Einzelpersonen zu führen? Dass es um Rache ging, war eindeutig. Doch Rache für was? Wenn man die Veröffentlichung eines Artikels oder eine Polizeiermittlung stoppen wollte, gab es theoretisch einfachere Mittel und Wege. Ein Hackerangriff, ein Autounfall, ein Raubüberfall mit Todesfolge ... Warum sich also die Mühe machen für solch ein elaboriertes und perfides Spiel?

Kopfschüttelnd drehte er sich wieder zu der Mauer um. Er brauchte mehr Informationen, und zwar möglichst schnell. Nicht nur der Frau im Brunnen lief langsam die Zeit davon ...

Hinter welchem Mauerstein müssen Vincent und Alana suchen?

1.
2.
3.

ly dlpkla tpjo hbm lpuly nyblulu hbl
buk mbloyla tpjo gbt mypzjolu dhzzly.

„Das war knapp“, murmelte Vincent und betrachtete die Anzeige, die bei 15 Sekunden stehengeblieben war. Sein Herz raste in seiner Brust und als sich die Gurte um die auf dem Boden liegende Person lockerten, fühlte es sich an, als würde eine riesige Last von seinen Schultern fallen.

Mit was für einem kranken Gegner hatte er es hier bloß zu tun? Derjenige schien großen Spaß daran zu haben, anderen Menschen Leid zuzufügen.

Mit raschen Griffen half Vincent der Person, die Gurte zu lösen. Unter dem Altartuch kam eine leichenblasse Frau mit verwuschelten Haaren und geknebeltem Mund zum Vorschein.

Als Vincent die Hand ausstreckte, um den Knebel zu lösen, zuckte die Frau erschrocken zusammen. Vincent hob langsam die Hände. „Ich tue Ihnen nichts“, sagte er mit ruhiger Stimme. „Mein Name ist Vincent und ich bin Polizist ...“

„Wie bin ich hierhergekommen?“, begann die Frau, nachdem sie sich selbst den Knebel aus dem Mund gezogen hatte. Ängstlich blickte sie sich um.

„Wir sind entführt worden.“ Vincent erklärte ihr mit ruhiger Stimme, was bisher geschehen war und was er von ihrem „Gastgeber“ über die Regeln erfahren hatte.

„Die Gurte ... Ich hab kaum noch Luft bekommen und ... oh Gott ... ich dachte, das war es mit mir ... dachte, das ist das Ende. Wenn Sie nicht gewesen wären, hätten mich die Gurte ...“ Die Frau schluchzte und presste sich die linke Hand auf den Mund.

„Schhh, es ist ja noch mal gut gegangen“, versuchte Vincent sie zu trösten.

„Sie haben mir das Leben gerettet!“ Ehe er sich versehen konnte, hatte sich ihm die Frau in die Arme geworfen. Vincent hob ein wenig unbeholfen die Hand und tätschelte ihr den Rücken.

Die Frau räusperte sich und machte einen Schritt zurück. Ihre Augen waren rot gerändert und ihre Wimperntusche verlaufen.

„Verzeihung, dass ich Sie einfach so anfalle.“ Sie streckte ihm ihre stark zitternde Hand entgegen. „Mein Name ist Alana. Alana Tyson.“

B

ly dlpkla tpjo hbm lpuly nyblulu hbl
buk mbloyla tpjo gbt mypzjolu dhzzly.

K

+

–

„Hallo, Alana." Vincent ergriff sie lächelnd. „Keine Sorge. Wenn wir beide zusammenhalten, kommen wir aus diesem Spiel lebend raus. Daran müssen Sie ganz fest glauben!"

„Spiel? Das ist doch kein Spiel!" Ihre schreckgeweiteten Augen wirkten viel zu groß für ihr Gesicht. „Was soll das Ganze? Wer macht so etwas? Glauben Sie, wir sind Opfer von einem wahnsinnigen Serienmörder? Oder von Terroristen! Und warum ausgerechnet ich? Ich hab doch niemandem etwas getan! Ich muss hier weg."

Die Gedanken der Frau schienen hin und her zu springen und ihr Atem wurde schneller. „Wo sind wir überhaupt?"

Vincent befürchtete, dass sie gleich eine Panikattacke bekommen würde. „Schhh, beruhigen Sie sich. Ich bin ja bei Ihnen. Atmen Sie erst einmal tief ein – und aus."

Alana machte es ihm nach und bekam langsam wieder Farbe im Gesicht. „Verzeihung, ich bin sonst nicht so. Es ... es geht wieder."

Vincent tätschelte ihr beruhigend die Schulter. „Kein Problem, ich kann sie gut verstehen. – Ich denke, dass wir in einem verlassenen Kloster sind." Er zeigte ihr den Lageplan. „Mich wird leider so schnell keiner vermissen. Ich wohne alleine und ich habe über die Feiertage auch keinen Dienst. Und Sie?"

Alana schüttelte den Kopf. „Ich arbeite viel von zu Hause und so kurz vor Weihnachten sind sowieso schon viele im Urlaub."

„Okay", meinte Vincent. „Wir sind also auf uns alleine gestellt. Ich schlage vor, dass wir die Regeln dieses Wahnsinnigen erst mal befolgen und auf den richtigen Moment warten, um zurückzuschlagen. – Lassen Sie uns schauen, wo wir als Nächstes hinmüssen. Irgendwo hier muss es ein weiteres Rätsel geben."

Schnell entdeckte Vincent, was er suchte. In der aufgeschlagenen Bibel, die mittig auf dem Altar lag, befand sich ein Zettel.

Auf welchen Ort verweist die Nachricht?

1. **Bibliothek**
2. **Badehaus**
3. **Brunnen**

Anschließend ließ er sich erschöpft auf den Boden sinken und robbte zu der rothaarigen Frau, die mit der Schlinge um den Hals weiterhin bewusstlos auf dem Boden lag.

Er fühlte ihren Puls, der zwar langsam, aber regelmäßig schlug. Sie zitterte jedoch kaum noch, was Vincent Sorgen machte. Warm war es hier drinnen nicht, sodass es nur bedeuten konnte, dass ihr Körper nicht mehr länger die nötige Energie hatte, um sie durch das Zittern zu wärmen. Ihr lief die Zeit davon.

„Wir brauchen Hilfe", sagte Vincent. „Wir müssen die Polizei und einen Krankenwagen rufen."

Auch ihm war eiskalt und seine Zähne klapperten, nicht zuletzt aufgrund des Blutverlustes.

„Wo finde ich ein Telefon?", fragte Vincent die gefesselte Pauline.

Diese antwortete jedoch nicht, sondern begann ihn zu beschimpfen. „Ich werde Sie töten", kreischte sie. „Und wenn es das Letzte ist, was ich jemals tun werde."

Richard Porter zog den Schal vom Hals seiner Tochter und stopfte ihn ihr ungerührt in den Mund. „Ich wüsste, wie Miss Tyson und Sie rechtzeitig Hilfe bekommen könnten. Allerdings müssten Sie dafür auch etwas für mich tun!"

„Wollen Sie mich verarschen? Sie können doch jetzt nicht das Leben einer Frau als Verhandlungsbasis nehmen! Was sind Sie für ein Mensch?"

„Eine Hand wäscht die andere, Detective. Ich muss gestehen, dass ich mich ein klein wenig schuldig für die Taten meiner Tochter fühle. Ich hätte sie und ihr Temperament besser kontrollieren müssen. Daher bin ich überhaupt erst bereit, mit Ihnen zu verhandeln. Aber wenn Sie meinen, dass Sie selbst einen Ausweg finden, tun Sie sich keinen Zwang an. Vielleicht sollte ich noch erwähnen, dass ich dieses Kloster nur zu gut kenne – es gehört mir nämlich. Handyempfang gibt es hier keinen und auch keine Festnetzleitung. Und wir befinden uns weit weg von allem. Entscheiden Sie sich!"

„Was wollen Sie?", fragte Vincent durch seine zusammengebissenen Zähne. Er konnte es nicht fassen, wie kaltblütig der Milliardär ein weiteres Menschenleben aufs Spiel setzte. „Dass Sie niemals über diese Nacht sprechen. Mit niemandem. Ich werde mich um Polly und alles weitere kümmern."

Vincent konnte kaum glauben, was er da hörte. Er sollte das alles hier einfach vergessen?

„Sie haben die Wahl! Aber denken Sie bitte nicht, dass Sie mir später in den Rücken fallen können. Sie haben ja keine Vorstellung davon, wie weit meine Macht und die Macht der Hüter reicht. Ein falsches Wort und ich werde das Leben von jedem zerstören, der Ihnen jemals etwas bedeutet hat."

Vincent musste schlucken. Nach allem, was er über die Hüter wusste, waren das keine leeren Worte. – Auch wenn alles in ihm dagegensprach, blieb ihm nichts anderes übrig. Er nickte.

„Das ist die richtige Entscheidung." Porter griff an Pollys Handgelenk, an dem eine Herrenrolex saß. „Unsere Koordinaten werden jetzt an meine Security übermittelt. Die Rettung sollte nicht allzu lange dauern. Zum Weihnachtsfest sind Sie pünktlich zu Hause – na ja, oder wenigstens im Krankenhaus", sagte der Mann grinsend mit einem Nicken in Richtung der blutenden Wunde in seinem Bein.

In diesem Moment schwor Vincent, dass er nicht ruhen würde, bis er Porter zur Strecke und den Toten Gerechtigkeit gebracht hatte. Und wenn es Jahre dauern sollte. Er würde clever und vorsichtig vorgehen müssen. Und vielleicht ... ja, vielleicht, würde ihn die richtige Alana dabei unterstützen ...

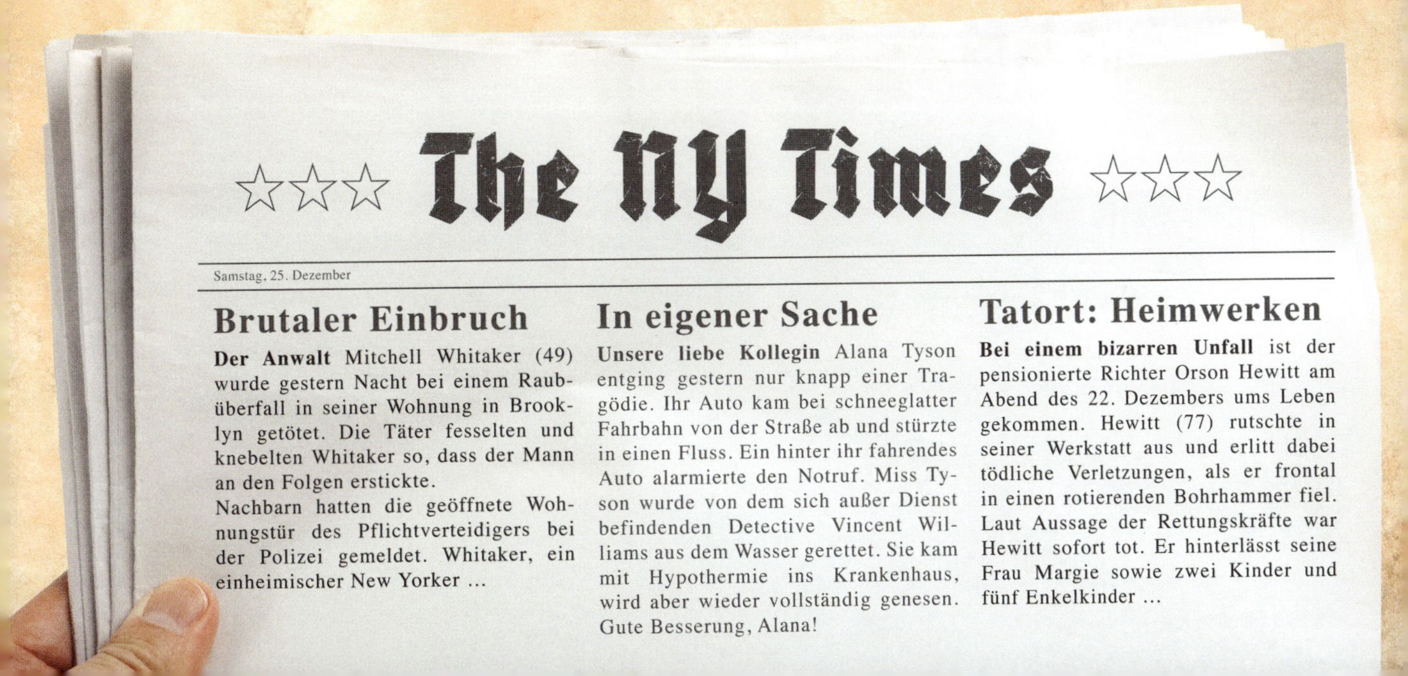

☆☆☆ The NY Times ☆☆☆

Samstag, 25. Dezember

Brutaler Einbruch

Der Anwalt Mitchell Whitaker (49) wurde gestern Nacht bei einem Raubüberfall in seiner Wohnung in Brooklyn getötet. Die Täter fesselten und knebelten Whitaker so, dass der Mann an den Folgen erstickte.
Nachbarn hatten die geöffnete Wohnungstür des Pflichtverteidigers bei der Polizei gemeldet. Whitaker, ein einheimischer New Yorker ...

In eigener Sache

Unsere liebe Kollegin Alana Tyson entging gestern nur knapp einer Tragödie. Ihr Auto kam bei schneeglatter Fahrbahn von der Straße ab und stürzte in einen Fluss. Ein hinter ihr fahrendes Auto alarmierte den Notruf. Miss Tyson wurde von dem sich außer Dienst befindenden Detective Vincent Williams aus dem Wasser gerettet. Sie kam mit Hypothermie ins Krankenhaus, wird aber wieder vollständig genesen. Gute Besserung, Alana!

Tatort: Heimwerken

Bei einem bizarren Unfall ist der pensionierte Richter Orson Hewitt am Abend des 22. Dezembers ums Leben gekommen. Hewitt (77) rutschte in seiner Werkstatt aus und erlitt dabei tödliche Verletzungen, als er frontal in einen rotierenden Bohrhammer fiel. Laut Aussage der Rettungskräfte war Hewitt sofort tot. Er hinterlässt seine Frau Margie sowie zwei Kinder und fünf Enkelkinder ...

DIE TIPPS

21. Dez.

Plus und minus und mal – damit wären alle benötigten Rechenwege klar, oder? Einstellige Zahlen sind übrigens auch Quersummen ihrer selbst.

11. Dez.

Blut markiert die Lösung, doch auch diese musst du erst mal in die richtige Reihenfolge bringen.

6. Dez.

Moment mal, kann man die beiden Zeichen unten in der Ecke des Zettels verbinden?

9. Dez.

Manchmal sieht man das Wort vor lauter Buchstaben nicht. Aber irgendwo befindet sich bestimmt eine Linie durch das Dickicht ...

2. Dez.

Hast du die Symbole am Türschloss im Text wiedergefunden?

23. Dez.

1, 2 oder 3 – ein Abzählreim hilft hier nicht weiter. Schau mal genau hin, bei welcher Aussage sich die Seile widersprechen. Einer kann schließlich nicht gleichzeitig lügen und die Wahrheit sagen.

20. Dez.

Hm, vielleicht könnten wir hier mit einem Bleistift hantieren. Vielleicht gibt es etwas zu verbinden, was horizontale und senkrechte Linien bildet?

16. Dez.

Unterschiedliche Farben bedeuten unterschiedliche Rechenwege. Nur welche?

18. Dez.

Hat Vincent vielleicht vor einiger Zeit eine Nachricht bekommen, die weiterhelfen könnte? Hat er nicht auf dem Friedhof auch eine blutige Nachricht erhalten?

1. Dez.

Versuche doch mal C als Erstes zu positionieren, dann sollte sich der Rest ergeben.

13. De

Das Alpha und das Omeg ... Schau mal genau hin, wer sich hier gegenüber steht. Vielleicht gibt es dabei ja ein System.

15. Dez.

Gehe die Rätsel einzeln durch und füge die Antworten zu einem Wort zusammen.

3. Dez.

Und wenn du denkst, es geht nicht mehr, kommt von irgendwo noch ein Quadrätchen her ... Denk daran, dass sich die Quadrate in allen Höhenlagen und Breitengraden befinden können. Fang an zu zählen und leih dir irgendwo noch Finger dafür.

5. Dez.

Lies dir die Ziffern laut vor und versuche einzelne Ziffern als Teil einer Gruppe zu sehen.

10. Dez.

Spieglein, Spieglein an der Wand ...

8. Dez.

Oje, wie viele Buchstaben hat noch einmal das Alphabet? Vielleicht hilft dir die Antwort weiter?

17. Dez.

Gehe noch mal zurück und schaue dir die anderen Nachrichten an. Vielleicht kommt dir da ja etwas bekannt vor ...

12. Dez.

Gleich und gleich gesellt sich gern. Vielleicht nimmst du mal einen Bleistift zur Hand.

14. Dez.

Schreibe dir die Zahlen von 0 bis 9 am besten auf und gehe die Hinweise nacheinander durch. Dann kannst du schnell viele Zahlen ausschließen und musst dich nur noch auf ihre Reihenfolge konzentrieren.

4. Dez.

Hierfür brauchst du Papier und Stift und dann ist Ausprobieren angesagt. Hm, überschneiden sich Linien eventuell auch?

7. Dez.

Hast du diese vier Farben vielleicht zuvor schon einmal irgendwo gesehen? Vielleicht auf einer der Vorderseiten?

22. Dez.

Manchmal muss man seine Blickweise ändern, um der Wahrheit ins Gesicht zu sehen ...

19. Dez.

Gab es nicht vorhin an der Wand ein Zahlenbild? Vielleicht kann dir das ja helfen.

DIE LÖSUNGEN

1./4./7./10./13./16./19. und 22.

Lösung 1 7. Dezember

7463

Zähle die Kerzen in der jeweiligen Farbe und bringe sie in die richtige Reihenfolge. Der Farbcode für die Reihenfolge befindet sich auf der Vorderseite vom 2. Dezember.

Lösung 1 10. Dezember

Das Bild zeigt die spiegelverkehrte Zahlenreihenfolge 1740, was dem Todesdatum des ersten Grabes entspricht.

Lösung 2 1. Dezember

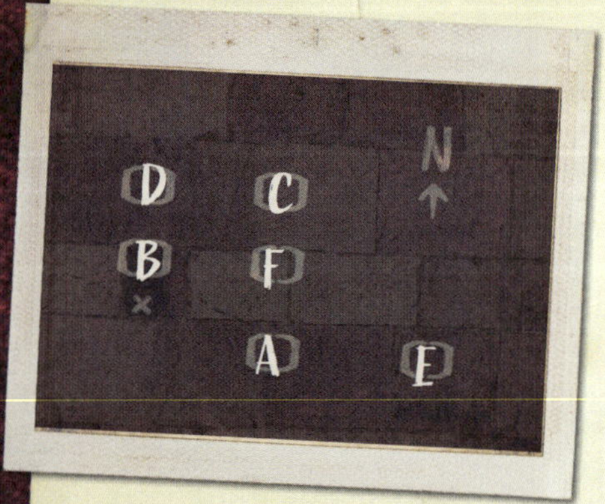

Holzdiele B

Wenn F im Norden von A und im Südosten von D liegt, kann es sich entsprechend nur in der mittleren Reihe befinden. A befindet sich somit in der untersten Reihe. C liegt östlich, also rechts von D und nordöstlich von B, was nur auf die Position oben rechts zutrifft. Daraus ergeben sich dann die restlichen Positionen.

Lösung 3 16. Dezember

Der Schlüssel mit der eingravierten 82 ist der richtige.
Wenn man die roten Zahlen miteinander multipliziert und die schwarze anschließend von dieser Zahl subtrahiert, erhält man die Ziffer im Quadrat.

Lösung 1 4. Dezember

Kapelle

Ein Pentagramm, also ein fünfzackiger Stern, besteht aus fünf Linien/Reihen, die sich an gewissen Punkten überschneiden. Platziert man auf diesen Punkten sowie auf den Zacken die Kerzen, ergibt das die Lösung. Kapelle

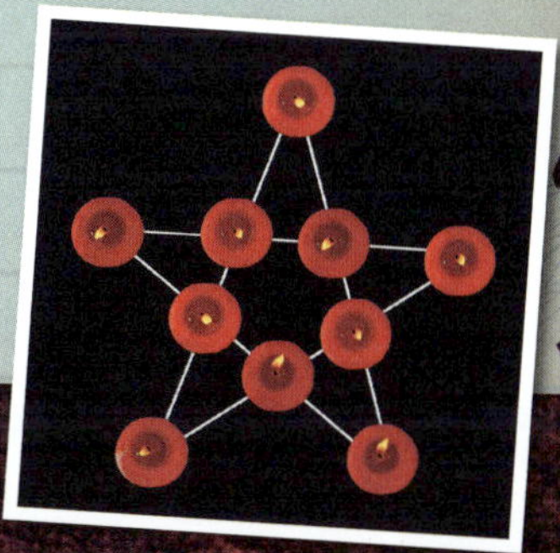

Lösung 1 13. Dezember

Die Zahnräder ergeben das Wort **„Weinfass"**.

Wenn man sich die Zahnräder genau ansieht, erkennt man, dass sich immer der erste Buchstabe des Alphabets mit dem letzten gegenübersteht sowie der zweite und der zweitletzte ... Also: A-Z, B-Y, C-X, D-W ... Bei einigen Buchstaben geht das jedoch nicht auf. Diese Buchstaben ergeben das gesuchte Wort.

Lösung 2 22. Dezember

Rückwärts ergibt sich:

MEIN NAME IST NICHT ALANA, DETECTIVE, SONDERN PAULINE PORTER

Lösung 1 19. Dezember

Wenn man die Zahlen nacheinander auf dem Bild verbindet, wird die 9 umschlossen. Die Lösung lautet daher **9**.

DIE
LÖSUNGEN
2./5./8./11./14./17./20.
und 23.

Antwort 3 11. Dezember

Wenn man die Buchstaben, die vollständig mit einem Blutfleck bedeckt sind richtig zusammenfügt, ergibt sich **Mauerstein**, also Antwort 3: In der Klostermauer.

Lösung 2 5. Dezember

Es wird in jeder Reihe durch Ziffern ausgedrückt, wie viele davon in der Reihe darüberstehen. Man muss es nur laut lesen: Drei / Einmal (1) die Drei (3) / Einmal (1) die Eins (1) Einmal (1) die Drei (3)

In der letzten Reihe muss also stehen, welche Ziffern sich darüber befinden: Einmal (1) die Drei (3) Zweimal (2) die Eins (1) Einmal (1) die Drei (3) Zweimal (2) die Eins (1) Dreimal (3) die Zwei (2) Zweimal (2) die Eins (1) Einmal (1) die Drei (3). Daraus ergibt sich: **13211321322113**

Antwort 3 20. Dezember

Wenn man die 3en miteinander verbindet, bilden sie die Buchstaben **O S T E N**.

7777777 71111111 555555555111 92211172228885 8
5333333 888333333111 3333333771 333333288366936
5366663 111 3666666868666366615 1 366666911 336636
9366663 888333333118666366665633333118836363 6
5366663 111 666663525666366677936666699936633 5 7
5333333 888333333255666366611 333333112366636
112117 8 8889511111 000000257257200011 166699926

Antwort 3 23. Dezember

Nur **Seil 3** sagt die Wahrheit. Wenn 1 die Wahrheit sagen würde, müssten 2 und 3 lügen. 3 sagt jedoch aus, dass 2 lügt und würde in diesem Fall die Wahrheit sagen. Wenn 2 die Wahrheit sagen würde, würden 1 und 3 lügen müssen – wenn 1 lügt, würde sie jedoch 2 widersprechen und kann es daher nicht sein. Daraus ergibt sich, dass Seil 3 die Wahrheit sagt und 1 und 2 lügen.

Lösung 1

14. Dezember

Der PIN lautet 08940.

Nach Hinweis 1 und 2 ist klar, dass die 6 nicht im Code vorkommen kann. Aus Hinweis 3 folgt dementsprechend, dass 4 und 9 enthalten sind. Wenn man die vorangegangenen Hinweise noch einmal genau liest, ist klar, dass die 4 an letzter Stelle steht, nach Hinweis 2 und 3, dass die 9 nur in der Mitte stehen kann. Tipp 4 zeigt dann noch, dass die dritte Zahl die 8 ist und für diese nur noch eine Position übrig bleibt.

Lösung 3

75324

2. Dezember

Die Worte „Herz – Mann – Musik – Sterne – Karte" referieren auf die Zeichen für Herz, Mann, Musiknoten, Stern und die Spielkartenfarbe Kreuz.

Lösung 2

17. Dezember

Hüte dich vor falschen Propheten.

Auf den Nachrichten des Entführers ist der Code abgebildet, der die Zeichen entschlüsselt.

Lösung 2

8. Dezember

SEHT UNTER DEM EIMER NACH

Die 26 verweist eindeutig auf das Alphabet. Wenn es mehr als 18 aber weniger als 21 ist, kommen nur die Buchstaben S oder T als Start infrage. Durch Ausprobieren wird dann klar, dass der Start beim „S" liegt. Dann muss man nur noch den Linien folgen.

DIE LÖSUNGEN

3./6./9./12./15./18.

und 21.

Antwort 3

6. Dez.

Die Nachricht verweist auf den **Brunnen**:

„Er weidet mich auf einer grünen Aue und führet mich zum frischen Wasser."

Die beiden Striche auf dem Zettel ergeben zusammengesetzt eine 7. Das Alphabet wurde um sieben Stellen nach links verschoben.

Antwort 3

21. Dez.

Die Lösung lautet **793**

4 – 3 – 7 – 6 – 13 – **12** Die Quersumme ist entsprechend: 3
-1 +4 -1 +7 -1
Die 1 wird subtrahiert, dann die beiden vorherigen Zahlen addiert.

1 - 3 - 7 - 15 - 31 - **63** Die Quersumme ist entsprechend: 9
+2, +4, +8, +16 +32

85 – 13 – 26 – 8 – 16 – **7** Die Quersumme ist entsprechend: 7
8+5 x2 2+6 x2 1+6
Hier werden abwechselnd die Ziffern der vorherigen Zahl addiert (die Quersumme gebildet) bzw. die vorherige Zahl mit zwei multipliziert.

Antwort 1

15. Dez.

Die Lösung lautet ... **Adam**

- Jahr und Monat haben es, die Woche aber nicht. – Ein A
- Zu diesem Zeitpunkt, in diesem Moment, an diesem Ort, aber nicht dort – da
- Wie hätten die alten Römer das gesagt? Nicht zehn, nicht hundert, sondern ... M (die nächste Zahl in der Reihe ist 1.000, die römische Zahl für 1.000 ist M).

9. Dez.

Antwort 3

Ort der letzten Ruhe – **Friedhof**

Der Schlüssel ist auf der Außenseite des 9. Dezember

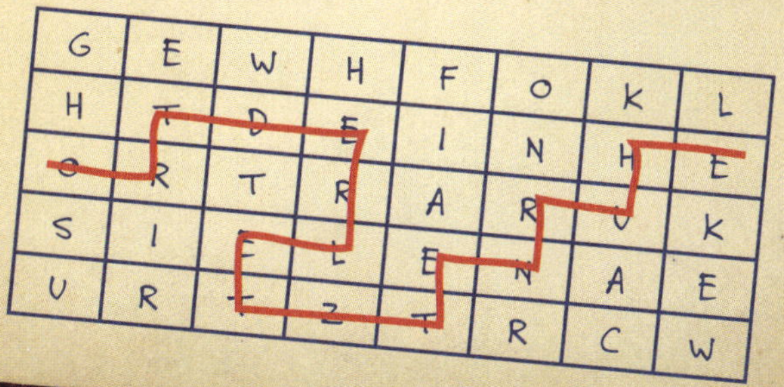

Antwort 2

18. Dez.

Hinter dem Brett an der Tür

Die Zahlen stehen für Buchstaben und beziehen sich auf die Zeile und den jeweiligen Buchstaben der Nachricht, die Vincent früher am Abend auf dem Friedhof bekommen hat.

Unschuldiges Blut klebt an Ihren Händen, Detective. Nicht immer hat man das Richtige getan, nur weil man das Richtige tut. Manchmal muss man Regeln brechen oder mit den Konsequenzen seines Handelns leben …

Antwort 3

3. Dez.

Das Einschussloch befindet sich in **12 Quadraten**.

1 x 16
4 x 9
5 x 4
2 x 1

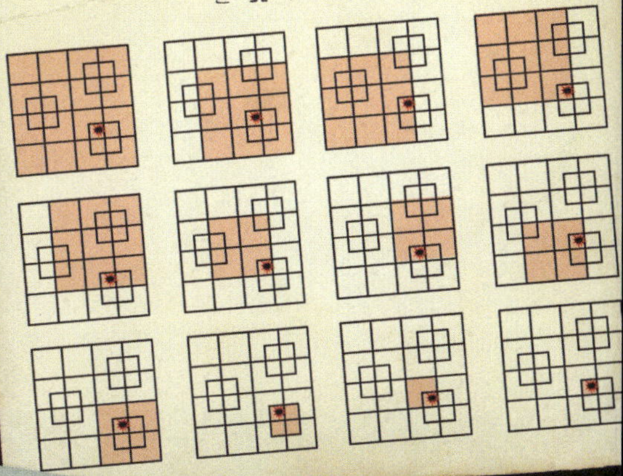

Antwort 2

12. Dez.

Wenn man die gleichen Augen jeweils miteinander verbindet, kann man anschließend einen Pfeil sehen, der auf das Augensymbol ganz rechts deutet.

Bildnachweis
Cover: © hectorchristiaen – Adobe Stock
Inhalt: Blutspritzer © warat42, Karteikarten © Mark Carrel, Papier 1 © photolinc, Blutiger Handabdruck © Evgeni ShouldRa, altes Fotopapier © Vitaly Korovin, Butflecken © Breaking The Walls, Papier 2 © Paladin12, Papier 3 © LeksiiTooz, Papier 4 © Stephen Rees, Papier 5 © STILLFX, Papier 6 © artjazz, Papier 7 © vilma3000, Papier 8 © MIGUEL G. SAAVEDRA, Papier 9 © Andrey_Kuzmin, Papier 10 © W. Phokin, EinleitungTor © Julian Gazzard, **1. Dezember** © Shishkin Dmitry, **2. Dezember** Fond Backsteine © Anton Watman, Stahltür © logoboom, Tastenfeld © Sompetch Khanakornpratip, **3. Dezember** © SbMax, Haken © o_m, **4. Dezember** © S_Photo, Mappe © New Africa, Mappe aufgeschlagen © enetstan, **5. Dezember** © Adam Rhodes UK, **6. Dezember** © Rob D Creations, **7. Dezember** © blacograf, Holzkiste © photographyfirm, **8. Dezember** © trabantos, Adler © Viacheslav Lopatin, Löwe © berni0004, Fackeln © SbMax, Briefumschlag © autsawin uttisin, **9. Dezember** © kittirat roekburi, **10. Dezember** © Savvapanf Photo, **11. Dezember** © zef art, **12. Dezember** © Will Hall, Backsteine © UvGroup, **13. Dezember** Fond © Supansa L, Rasierklinge © puha dorin, Blutiger Fingerabdruck © domnitsky, **14. Dezember** Tür © Vladimir Mijailovic, Löwen-Türklopfer © Zsolt Biczo, **15. Dezember** © Fer Gregory, Laptop © Den Rozhnovsky, **16. Dezember** © GOR Photo, Briefumschlag © Sichon, Schlüssel © worker, **17. Dezember** © Antonio Filippi, **18. Dezember** © Pressmaster, **19. Dezember** © Kishivan, Holzrahmen © Sichon, Papierrolle © Artem Stepanov, **20. Dezember** © Peter Gudella, **21. Dezember** © panomporn lungmint, Holztür © mervas, **22. Dezember** © Vladimir Zhoga, Stühle © JpegPhotographer, Kerzen 1 © Da Antipina, Kerzen 2 © Vera Petruk, **23. Dezember** © Gorodenkoff, **24. Dezember** Richter mit mit Hammer © Sebastian Duda, Seile © BortN66, Pistole © kubicka, Zeitung © **Feng Yu, Tipps und Fragen** RIP © MarinaP, Fond 1 © ypstudio92, Fond 2 © Maria Wan
Alle Fotos sind, soweit nicht anders vermerkt, von Shutterstock.com

Bibliografische Information der Deutschen Bibliothek
Die Deutsche Bibliothek verzeichnet diese Publikation in der Deutschen Nationalbibliografie; detaillierte bibliografische Daten sind im Internet über http://dnb.ddb.de abrufbar.

1. Auflage 2024

www.kaufmann-verlag.de

Text: Meike Walther
Satz und Layout: Grafikdesign Storch/Ulrike Vohla, Rosenheim

Druck und Bindung: Graspo
ISBN 978-3-7806-1416-2